Design de Produto

Uma visão Product-Led sobre design de produtos digitais

Josias Oliveira

Julho de 2023
2ª Edição

Design de Produto - Uma visão Product-Led sobre design de produtos digitais

Criação da capa, curadoria e edição: Josias Oliveira

Revisão: Luciane Martins da Silva

ISBN: 978-65-00-24175-4

Publicado e distribuído por: Amazon Servicos de Varejo do Brasil Ltda

Dados Internacionais de Catalogação na Publicação (CIP)
(Câmara Brasileira do Livro, SP, Brasil)

Oliveira, Josias
Design de produto : uma visão product-led sobre design de produtos digitais / Josias Oliveira. -- 2. ed. -- Florianópolis, SC : Ed. do Autor, 2021.

ISBN 978-65-00-24175-4

1. Ciência da Computação 2. Design 3. Produtos digitais I. Título.

21-68041 CDD-745.2

Índices para catálogo sistemático:

1. Design de produtos 745.2

Aline Graziele Benitez - Bibliotecária - CRB-1/3129

Apresentação

O livro registra uma série de artigos que escrevi com base em experiências práticas durante mais de 20 anos atuando em design de produtos digitais. Por quase 3 anos atuei como Senior UX Designer do time de Produto da Resultados Digitais e 1,5 anos como Head de Produto na Octadesk. Esses artigos foram publicados em diversos editoriais de referência como UX Collective, maior publicação de design do mundo, medium do time de Design da Resultados Digitais, no site http://uiux.pt de Portugal e também no Instituto Product-Led no Canadá.

O meu objetivo é fornecer repertório de experiências práticas reais tanto para quem está iniciando na profissão quanto para designers mais experientes, que buscam outros ângulos de visão a respeito do desenvolvimento de produtos digitais.

Os capítulos estão ordenados de forma que fizessem sentido em busca da jornada de desenvolvimento em design de produtos digitais. Mas sinta-se à vontade para pular de bloco, ir direto para o assunto que lhe interesse ou questionar qualquer tópico que esteja no livro.

Desejo uma boa leitura.

Dedicatória

Dedico este livro à minha esposa Luciane Martins da Silva e meus filhos, Igor Martins da Silva Oliveira e Sarah Martins da Silva Oliveira que sempre me aturaram em todos os momentos, seja porque eu estava viajando ou trabalhando longe. Assim como quando eu estava trabalhando em casa.

O meu muito obrigado pela paciência e compreensão, amo vocês.

Índice

Prólogo

"Estar sempre em constante processo de aprendizado é a única alternativa para uma vida feliz e recompensadora. Quem não evolui não é feliz."

Napoleon Hill

Capítulo 1

Discovery: Por que fazer pesquisa em UX

Quando e por que fazer user research

O questionamento é bastante pertinente. Principalmente quando estamos iniciando um novo projeto ou nos deparamos com uma situação que necessita estudo mais aprofundado sobre determinado tema. Talvez esta discussão esteja mais relacionada com uma tendência natural que todo o ser humano tem.

Quando nos deparamos com um problema a reação imediata do cérebro é encontrar uma solução mais rápida e que necessite o mínimo de energia para solucionar. A natureza trabalha desta forma.

Como profissional é extremamente importante solucionar algum problema de UX de forma mais abrangente possível, sem tentar encontrar a solução mais fácil ou se colocar no lugar da usuária de maneira superficial.

O que aprendi com quase 20 anos de carreira profissional é que, quanto maior o conhecimento sobre determinado tema, menor é minha necessidade de pesquisa. E isso não é ruim, pelo contrário. Quanto maior o meu conhecimento sobre uma tarefa maior a minha capacidade empática de prover soluções que sejam adequadas e que façam sentido para a maioria das usuárias. Quanto maior o meu conhecimento sobre um assunto maior a minha capacidade de vender aquele produto ou vender a minha ideia.

O contrário também é verdade. Quanto menor a minha expertise em uma área fica muito mais evidente a necessidade em realizar pesquisa. Principalmente porque precisamos de insumos para iniciar um projeto ou para desenvolver e validar uma nova feature num produto. É preciso conhecer mais profundamente para gerar insights e capacidade técnica para elaborar perguntas que possam ser respondidas dentro do âmbito da pesquisa profissional.

Existem diferenças muito significativas entre a pesquisa acadêmica e a pesquisa profissional. Na pesquisa acadêmica os objetivos são completamente diferentes. É preciso estabelecer uma estrutura formal e seguir cada uma das etapas, pois lá no final quem vai avaliar o resultado pode dar muito mais importância sobre como foi realizado o processo do que em relação aos objetivos alcançados. Acho que este ponto é fundamental na diferença entre as duas.

A pesquisa acadêmica é estruturada e orientada a metodologia enquanto a pesquisa profissional permite maior flexibilidade e está mais orientada aos resultados.

Na pesquisa de UX orientada para projetos de mercado tenho a nítida impressão que o processo caótico funciona muito melhor que o estruturado. Isto porque precisamos de agilidade para corrigir e ajustar as rotas rapidamente.

Muito embora tenhamos um ponto de partida bem definido, a falta de conhecimento em determinado ponto exige ajustes na medida em que vamos acumulando aprendizados. Talvez para quem olha de fora do design process ele pareça caótico, mas para designers mais experientes ele serve muito mais ao seu real propósito: ajudar a prover a melhor solução.

Quando fazer pesquisa

Se possuo conhecimento acumulado ou utilizo muito determinado produto, menor a necessidade que tenho de iniciar a formular hipóteses com pesquisa. De certa forma já sou uma persona e tenho clareza de algumas dores com o produto. Por exemplo, sou um heavy user de passagens aéreas. A minha capacidade de gerar hipóteses que façam sentido para a maioria das usuárias é muito maior que alguém que vai iniciar uma pesquisa porque tem pouco ou nenhum conhecimento sobre o assunto.

A minha capacidade de gerar hipóteses que façam sentido para a maioria das usuárias é muito maior que alguém que vai iniciar uma pesquisa porque tem pouco ou nenhum conhecimento sobre o assunto.

Consigo, a partir do conhecimento prévio e dos aprendizados de longo prazo, estabelecer relações que façam muito mais sentido a partir dos diversos aprendizados que obtive ao longo dos anos.

Significa então que eu não preciso pesquisar se já uso um determinado produto? Não, nada disso. O que vai acontecer é que a sua proximidade com as experiências gera um repertório útil para você não iniciar do zero.

Precisamos pesquisar muito mais quando temos pouco ou nenhum conhecimento sobre o assunto. Já os testes de usabilidade são sempre necessários, principalmente para validar as hipóteses. Não tente lançar uma nova feature ou um novo produto sem validar as soluções.

Por que fazer pesquisa

A pesquisa deve servir a um propósito. Ela deve amparar a equipe, não apenas o designer, com informações que sejam úteis para todo o processo. Se usar a pesquisa para sistematizar o design process tornará tudo mais burocrático e menos eficiente. Se durante o meu processo consigo extrair insumos realmente relevantes e que possam instruir o projeto como um todo para elevar a outro nível técnico ou de inovação, a pesquisa serve ao seu real propósito.

Se a pesquisa for apenas para mascarar a falta de conhecimento ou burocratizar o processo, ela gerará soluções "quadradas" e que ajudam pouco ou nada em melhorar a vida do meu usuário. Vou dar um exemplo: se a pesquisa que foi realizada serviu para diminuir o fluxo da jornada e tornou a vida do meu usuário mais fácil ela atingiu o seu propósito. Agora, se ela manteve a experiência da pessoa usuária no mesmo patamar e serviu apenas para inserir mais uma feature no meu produto, talvez seja necessário rever o processo.

E o que fazer depois

Depois de obter os resultados, seja numa pesquisa exploratória qualitativa inicial ou nos testes de usabilidade, tente construir uma base de conhecimento. Ajude seu time a elevar o nível da conversa da interface com as pessoas usuárias. Não tenha medo de ousar a inovar. Se ao propor a solução encontro duas saídas, uma mais tradicional e outra mais ousada, prefiro ir pelo caminho novo. Eu sei que a inovação pode trazer riscos, mas esteja sempre aberto ao erro.

Eu aprendi muito mais na vida quando eu errei do que quando acertei. E um pouco disso eu levo para o meu trabalho como designer. Tente estar com a mente sempre aberta para o aprendizado, seja com pesquisa ou com outros meios. É importante deixar sempre acesa a chama que todo o designer tem em ousar. Não deixe a pesquisa engessar o seu processo. Faça dela sua amiga, sempre presente, mas tente equilibrar as coisas.

Capítulo 2

Roteiro para entrevistas em profundidade

Um guia para auxiliar em pesquisas exploratórias

Este guia é uma ferramenta que ajuda a ter um certo jogo de cintura em entrevistas exploratórias . As questões não precisam ser feitas na ordem em que estão escritas, ou usando a mesma linguagem. O ideal é usar este guia de modo que lembre de trazer à tona tópicos que não foram levantados durante a construção do roteiro. E ir adaptando e melhorando ao longo do caminho.

Metodologia

As entrevistas serão realizadas presencialmente no ambiente do cliente ou podem ser remotas via Zoom, tanto faz. Duração total de cerca de 1h30 e serão conduzidas em par, uma das pessoas fará as perguntas e a outra será responsável por fazer as anotações necessárias. Será solicitado à usuária a gravação do áudio e vídeo e a coleta de imagens do ambiente, quando presencial. Posteriormente, analisaremos o áudio e as imagens coletadas, que serão compiladas em um documento final. As descobertas feitas na pesquisa, no médio prazo, servirão de insumo.

Introdução e contextualização dos participantes

1. Recolher consentimento explícito para gravação da entrevista;
2. Iniciar gravação
3. Alinhar a duração esperada para a sessão (90 minutos)
4. Explicar quem somos e porquê estamos realizando esta sessão

5. Iniciar a conversa

Questões principais da entrevista

Sondar percepção sobre o negócio

1. Me conte um pouco sobre a história da empresa. Como começou? Vocês estão a quanto tempo no mercado? Qual é o tamanho da empresa e como está organizada?
2. Quem são os seus clientes e qual é o seu produto?
3. Você pode abrir o volume aproximado de vendas?
4. Como vocês descobrem oportunidades de vendas?

Sondar práticas do negócio

1. Qual é o seu papel aqui?
2. E como o seu papel se relaciona com a [empresa] e [produto]?
3. Já trabalhou com [segmento/ produto] antes?
4. Se sim, qual era o contexto da experiência anterior?
5. Se não, quais circunstâncias levaram ao seu presente envolvimento com [segmento] ?
6. Quais são as práticas de [atividade] da empresa?
7. Por que vocês decidiram investir em [atividade]? 8. Quais são as ações de comunicação focadas na [atividade]?
9. Você é quem executa essas ações?
10. Existem trabalhos terceirizados? Se sim, quanto vocês investem?
11. Como os investimentos em [nova atividade] se comparam aos investimentos em [atividade anterior]?

Aprofundar questões relacionadas ao resultado final esperado pela atividade

1. Como você percebe a performance da [atividade]?

2. O que você acredita que a empresa está fazendo bem em [atividade]?
3. O que você acredita que pode melhorar?
4. O quanto o [canal da atividade] representa para vocês em vendas? Sondar a pessoa entrevistada a respeito de vendas.

Questões de projeção de futuro

1. Se nós voltássemos em um ano para conversar sobre o [atividade], o que você acredita que seria diferente?
2. Se você pudesse pedir para a nossa empresa fazer algo para te ajudar, o que você pediria?

Fechamento

1. Nós esquecemos de algo? Existe algo que não foi falado e você gostaria de compartilhar?
2. Existe algo que você gostaria de nos perguntar?

Importante: Agradecer as pessoas que participaram da entrevista.

[Extra] Lista de imagens

1. Imagens no nível da cabeça da participante
2. Imagens da participante e do seu equipamento principal/contexto de trabalho
3. Imagens dos produtos da organização;
4. Imagens dos materiais da [atividade] da organização.

Capítulo 3

Dinâmicas de Comunicação em Design de Produto

Desde o descobrimento até a entrega de uma solução

Como designer do time de produto tenho a crença que quanto mais cedo as responsabilidades pelas tomadas de decisão são compartilhadas com todo o time, maior será o engajamento em relação aos objetivos.

Uma das decisões mais importantes no desenvolvimento de produto é decidir quando será feita a primeira entrega de valor para o cliente, o famoso MVP (Minimum Viable Product). Neste contexto é importante deixar claro que não é apenas uma dinâmica que vai construir o aprendizado. E essa é uma decisão que não pode ser tomada por apenas uma pessoa, estimulando assim o pensamento ágil.

Conduzir dinâmicas ou atividades que visam a integração de equipes auxiliam no processo de aprendizagem de forma participativa, criam senso de comunidade e proximidade. Busco demonstrar parte do processo de construção de projeto onde tínhamos um grande desafio (e continuamos tendo) mas com um propósito ainda maior, visando aproximar as pessoas e engajar diferentes disciplinas envolvidas.

Parte deste processo está diretamente ligado com um dos valores do Culture Code da Resultados Digitais: ser Out-Teach e promover o aprendizado e melhoria contínua, dando um passo além e compartilhando o conhecimento.

A estrutura de produto

Em primeiro lugar é preciso esclarecer como era a estrutura de times dentro do produto da Resultados Digitais na época (2016). Os times eram estruturados dentro de tribos. Cada tribo era responsável por determinada temática. Dentro de cada tribo poderiam existir dois ou mais times.

Os times funcionam como se fossem pequenas empresas que possuem autonomia para as tomadas de decisão. Como UX designer no meu time, era minha responsabilidade liderar e tomar decisões de experiência da usuária dentro de cada projeto. O time era composto pelas seguintes pessoas: 1 Líder Técnico, 1 Gerente de Produto, 1 Designer de Experiência, 4 Desenvolvedoras e 1 Analista de Qualidade (QA).

Figura 1: Após a dinâmica, o mural será exibido publicamente para toda a equipe de produto. Foto: Paulo Bischof.

Passando o bastão para o desenvolvimento

Você pode se perguntar se existe um ponto onde o designer passa o bastão para a equipe de desenvolvimento. É justamente esse momento que quero abordar. O objetivo é apresentar a forma como trabalhamos com metodologia ágil e como buscamos envolver todo o time desde o início do processo. Não existe um momento de transição entre o design e o desenvolvimento. O que existe é a melhoria contínua.

UX faz parte da cultura e todo mundo é responsável pela qualidade do que estamos entregando, o que exige que todas as pessoas participem e estejam atentos ao que acontece em cada etapa do desenvolvimento. No fim das contas, sempre existe uma UX porque a usuária sempre experimenta algo. A grande diferença é torná-la intencionalmente agradável e entregando resultados de sucesso para o cliente.

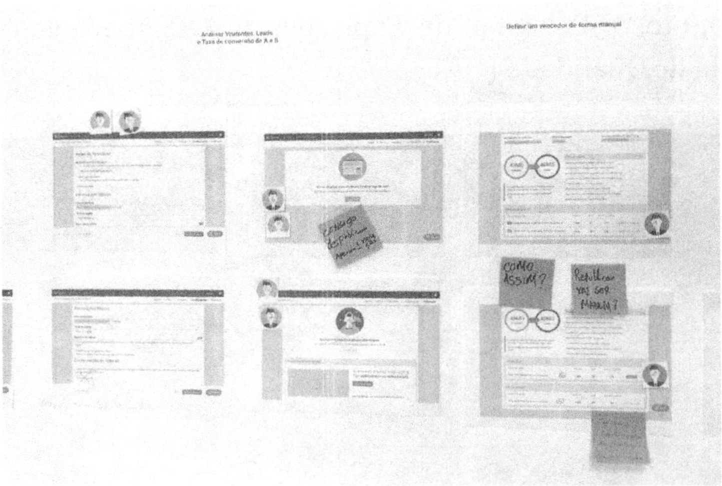

Figura 2: Mural com as atividades realizadas através da dinâmica. Post-its com as anotações dos membros do time.

Design Process

Após o processo de discovery, estudo do problema, benchmarking e aposta em soluções, podemos ter uma ideia mais elaborada e com embasamento teórico e técnico do que precisa ser feito.

Desde o início do processo, trabalhamos com as versões mais adiantadas da feature, que já projetam uma visão de longo prazo. Procuro aproximar o time de desenvolvedores e QA deste processo, trazendo aprendizados à equipe e compartilhando o que estou desenvolvendo como designer do time. Quanto mais cedo todas as pessoas envolvidas participarem, melhor.

Testes de usabilidade

Em cima desta visão de futuro e com foco total na usuária, aplicamos os testes de usabilidade. Cada teste contribui para que o próximo seja ainda melhor ou atenda aos requisitos técnicos levantados no teste anterior para validação. Diante deste cenário, sentimos a necessidade de puxar o time para que seja possível estabelecer um alinhamento, para que eles também contribuam durante o processo e se envolvam nas etapas iniciais.

Elaborando a dinâmica

A própria elaboração do jogo exigiu insumos relacionados às pesquisas de usabilidade. Muitos dos pontos levantados já haviam sido identificados nos testes com usuárias, como questões prioritárias ou importantes para o entendimento e execução das funções. Com a definição das principais tarefas que a usuária poderia executar no fluxo mapeadas, construímos um board que permitiu identificar as principais apostas em situações e cenários.

Conduzindo a dinâmica

Antes de sair "jogando", foi importante apresentar o conceito da proposta e tudo que já havia sido desenvolvido pelo time relacionado ao projeto até aquele momento, como uma retrospectiva, dando um contexto mais macro de toda a situação. Assim, tendo um cenário e uma visão de futuro estabelecida, a dinâmica foi introduzida como parte do processo onde o resultado seria a definição clara e objetiva da entrega final da primeira versão da feature.

Figura 3: Cada tela é um obstáculo que precisa ser superado até a conclusão da tarefa desejada pela pessoa usuária.

Um dos processos que auxiliam no engajamento dos times é colocar em prática o design process e permitir que todos tenham a oportunidade de trabalhar simultaneamente. A ideia foi desenvolver uma dinâmica seguindo uma linha tipo gamification, na qual exploramos o fluxo da usuária de forma lúdica.

Assim, com possibilidades para construir caminhos e visualizar toda a jornada, construímos em conjunto as principais telas que iriam atender a jornada do usuário dentro do RD Station. Espalhei diversas telas do protótipo na mesa, com muitas opções de caminhos e fluxos possíveis. Foi a primeira etapa deste fluxo de construção, onde preparamos o terreno para as etapas seguintes.

Figura 4: Todo o time tem oportunidade para se expressar e fica responsável pelas decisões das entregas.

Após, trabalhamos na definição de uma persona que iria executar algumas funções dentro da nova feature, completando o ciclo e projetando os principais fluxos das usuárias. Para cada tarefa que a usuária iria executar foi estabelecida uma cor e a proposta do jogo era conduzir a usuária dentro da interface para os diferentes caminhos que poderia percorrer.

É possível prever se estamos projetando caminhos que fazem sentido e que tornam a jornada da usuária um processo contínuo. Isto permitiu que todos pudessem construir o fluxo de forma participativa e com diversas opções para elaborar o fluxo da tarefa.

Além disso, tínhamos que seguir algumas diretrizes importantes de usabilidade para completar o caminho. É importante também permitir que os pontos de construção da tarefa sejam iguais ou equivalentes a fim de permear os aprendizados da usuária durante todo o fluxo.

Se a pessoa usuária iniciar a tarefa em determinado ponto ela pode ter, em outro momento, o mesmo controle perante uma situação similar ou muito parecida. Ela não precisa iniciar uma tarefa sempre no mesmo ponto do sistema. Tem que fazer sentido para ela dependendo do momento e do contexto. A ferramenta deve estar sempre à mão. Desta forma tornando a UX mais consistente com uma hierarquia visual clara.

Diretrizes

A pessoa usuária em primeiro lugar: Foco total na jornada da nossa usuária. Se precisamos tomar uma decisão, ela deve ser o centro das decisões.

Clareza: O fluxo deve ser direto e objetivo. Quanto mais relevante determinado item é, mais destaque possui;

Objetividade: Elementos estão relacionados logicamente, agrupando coisas semelhantes. Tornar todo o fluxo de navegação mais fluido;

Facilidade de uso: Reduzir a redundância no processo, otimizar esforços. Executar uma ação com o menor número de passos dentro do fluxo.

Figura 5: O time interagindo e conversando sobre os problemas apresentados, detalhando melhor as possíveis soluções.

O processo trouxe a possibilidade de uma interação entre todos os profissionais envolvidos, levantando mais ideias, estabelecendo as principais preocupações e definindo possíveis soluções a serem validadas. Entram Front-end, Dev, QA, Designer, PM, todo mundo vestindo o seu chapéu e levantando possibilidades: Ficou mais fácil pro usuário? Está claro este ponto aqui? Ainda podemos reduzir o número de telas?

As dúvidas poderão vir à tona e as diferentes visões contribuíram para o desenvolvimento de uma feature mais simples, que deve servir para seu real propósito: tornar a jornada da usuária clara e intuitiva, permitindo que a execução da tarefa possa ser concluída com sucesso.

Tão importante quanto o processo de construir aprendizados e mapear a jornada do usuário de forma lúdica é a própria integração do time. É visível como o senso de unidade fica mais claro. Isso permite que todos participem das tomadas de decisão, alinhando a visão das entregas de valor pensando no fluxo de navegação e na própria experiência da usuária.

Concluindo e definindo as ações após a dinâmica

Ao final da dinâmica conseguimos identificar alguns pontos de fricção, dúvidas e esclarecimentos em relação ao fluxo. E o resultado foi que conseguimos em conjunto estabelecer as prioridades da entrega para a usuária.

O mais importante é que o processo contribuiu para o amadurecimento da equipe como um time e tomadas de decisões foram pautadas tendo a usuária como o centro das decisões.

Não existe fórmula mágica. É importante entender que todas as pessoas precisam trabalhar como time em todas as etapas. É preciso saber o que está acontecendo e sentir-se parte ativa do projeto, contribuindo efetivamente para as entregas e compartilhando conhecimento. Sempre há espaço para aprender e se desenvolver, de forma contínua e evolutiva.

Capítulo 4

Testes de usabilidade para novas features

Como conduzir testes com usuárias no ambiente ágil

Iterar rápido, validar hipóteses, melhorar e evoluir de forma contínua. É desta forma que realizamos testes com usuárias dentro do ambiente de desenvolvimento ágil. Foram diversas rodadas com o objetivo de desenvolver novas features para um produto de alta escala como o RD Station.

Existem diversas técnicas de pesquisa para projetos centrados na experiência da usuária. Além das entrevistas com usuárias, é indicado também a investigação contextual, pesquisas exploratórias, grupos de foco e testes de usabilidade.

Tendo em vista projetos específicos para o produtos digitais, autores como Russ Unger e Carolyn Chandler (2009) definem os passos básicos de pesquisas com usuárias em cinco etapas:

1. Definir o grupo de pessoas usuárias
2. Planejar o nível de envolvimento
3. Conduzir a pesquisa
4. Validação das informações
5. Requisições do usuário

E como utilizamos os conceitos apresentados pelos autores Unger e Chandler para conduzir nossos próprios testes de usabilidade durante o processo de desenvolvimento e descobertas no RD Station.

1. Definir o grupo de pessoas usuárias

A primeira etapa consiste em definir objetivamente o grupo de pessoas usuárias primárias, descrevendo o perfil de pessoa usuária que estamos analisando e permitindo assim o foco nos esforços para recrutar tais usuárias de pesquisa.

Por exemplo, usuárias do RD Station que utilizam o aplicativo pelo menos 1 vez por semana. Diferentes perfis participaram da pesquisa, não apenas perfis demográficos, mas perfis de usuárias mesmo - características inerentes ao uso, conforme necessidade e dores.

Cada uma das usuárias possuem diferentes objetivos ao utilizar o nosso produto. É preciso conversar com elas, entender suas necessidades, expectativas e dores que enfrentam. Assim podemos clarificar diferentes perfis de usuárias que utilizam o produto.

Você pode começar por usuárias nas quais você já tem alguma afinidade ou algum contato anterior. Normalmente é mais fácil quebrar o gelo, além de facilitar no processo de investigação, pois você pode já ter uma ideia das dores e dificuldades que ele possa enfrentar.

Figura 6: Fabiano Meneghetti conduzindo teste de usabilidade sobre a integração de automação em Landing Pages.

Demonstrar confiança é importante para gerar vínculos, principalmente para que o entrevistado sinta-se bem à vontade para responder as perguntas, sendo o mais natural e espontâneo possível.

2. Planejando o nível de envolvimento

Com base no que era preciso validar, criei um roteiro para execução dos testes. Este roteiro apresenta os possíveis pontos de fricção e incertezas que tive ao desenvolver as soluções.

O roteiro expõe a pessoa usuária a estas tarefas e permite validar ou não cada etapa. É importante ter uma visão bem clara da tarefa, objetivo e qual o critério de sucesso que pretende-se adotar.

Escolhi o Adobe XD para montar o protótipo. Mesmo não sendo uma interface fiel em termos de profundidade de navegação, o XD permite a construção visualmente bem próxima ao que gostaríamos de validar.

Exige um pouco de tempo de preparação, mas em termos de custos de desenvolvimento ela é super acessível e permite resultados altamente satisfatórios.

3. Conduzindo a pesquisa

Antes de iniciar o teste é importante dar o contexto às usuárias, ou seja, descrever o cenário onde estamos inseridos, buscando contextualizar com números e dados.

Justificar o porque iremos realizar determinada tarefa e como a nova feature que estamos tentando validar pode ajudar a realizar o trabalho a ser feito. E se tudo isto faz sentido pra ele também. Se você como designer identificar que as coisas não estão fazendo sentido, volte pra prancheta.

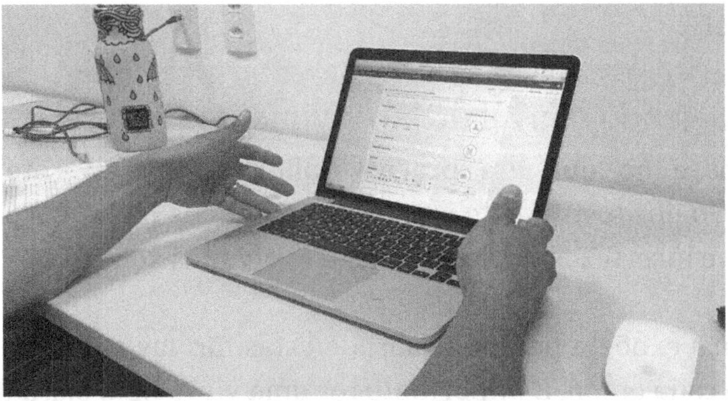

Figura 7: Wesley Rocha experimentando a nova interface que estávamos projetando.

É importante ser transparente ao máximo, explicar para a usuária o que ela vai experimentar. Se é uma nova feature, qual o propósito deste novo recurso e qual o problema que pretende-se resolver (para a pessoa usuária). Deixando sempre claro que estamos utilizando um protótipo e que estamos testando a interface, não a usuária. Se ela se sentir desconfortável a culpa é nossa (designers), não dela (usuária).

4. Validando as informações

Para validar algumas informações que estamos buscando, é possível tratar a interface como um obstáculo que a usuária precisa transpor. Sem dar qualquer pista ou como fazer determinada ação, é importante verificar o sucesso de cada tarefa menor proposta. O conjunto de pequenas tarefas compõem a execução da tarefa maior pretendida.

A cada teste, quando eu como designer verifico algum problema ou dificuldade que a pessoa usuária encontrou, procuro fazer os ajustes em apostas de solução para rodar os próximos testes. Assim, posso validar ou não algo que está sendo criado como solução durante os testes. Procuro medir a eficácia, eficiência e satisfação das usuárias. É importante também ter o controle sobre as versões para o melhor aproveitamento em relação ao que é desenvolvido.

5. Requisições das pessoas usuárias

Por fim, na quinta etapa extrai-se as requisições de pessoas usuárias, ou seja, as declarações dos recursos e funções mais importantes do aplicativo.

Porque isso é importante?

Por que os produtos resultantes dos projetos de pesquisa devem ser de fácil uso para o mais variado grupo de pessoas, atendendo às expectativas e necessidades relacionadas às tarefas. Assim, é importante compreender em profundidade quais são as usuárias e quais as tarefas que elas precisam e querem executar.

É possível identificar níveis de frustração que essas usuárias estão dispostas a suportar, antes de desistir de uma aplicação e partir para o concorrente (churn). Assim, se houverem mudanças nos padrões de uso, é necessário buscar dados e informações através de pesquisas com as usuárias que utilizam o produto e iterar em cima destas informações para melhorar continuamente a qualidade das entregas.

Capítulo 5

Como medir a eficiência, eficácia e satisfação

Entender o que funciona, o que não funciona e quão satisfeitas estão as pessoas que usam o seu produto

Eficiência, eficácia e satisfação das pessoas usuárias. Mensurar e conhecer esses aspectos fazem parte do processo de compreender o que está dando certo, o que precisa ser melhorado e como o negócio está sendo impactado, principalmente quando medimos a satisfação dos nossos clientes.

Medimos a eficácia e eficiência nos testes de usabilidade através das tarefas. Esse termo tarefa é aplicado sempre a uma unidade de atividade, numa situação específica de trabalho. Ela tanto pode ser imposta a usuária, como fazemos nos testes, ou pode ser realizada por sua própria vontade.

Segundo Agner (2006), a tarefa requer mais de uma operação para ser completada. Além de exigir o esforço mental a tarefa também requer algum esforço físico, normalmente é uma atividade não-trivial e em alguns casos complexa, tendo sempre um único objetivo.

Os testes de usabilidade são técnicas nas quais as usuárias interagem com o nosso produto, em condições controladas, para realizar uma tarefa com objetivos definidos, em um cenário de utilização. São métodos para medir a performance das usuárias e sua satisfação subjetiva com produtos de tecnologia.

Se você quiser se aprofundar ainda mais, nossa colega designer Diana Fournier, escreveu um post aprofundando intitulado As 6 metas de usabilidade, onde também aborda sobre eficácia e eficiência em relação às metas de usabilidade.

Com quantas pessoas usuárias devo testar?

Esta é uma pergunta que aparece com certa frequência. Nielsen (2001) defende que com apenas 5 usuárias é possível levantar cerca de 75% dos problemas mais críticos de experiência da usuária (UX). Desta forma, esse é o número que habitualmente trabalhamos nas rodadas de testes com usuárias.

Um teste é bem sucedido quando ajuda a aprimorar o produto, assim como o processo. Nielsen (2007) defende que a navegação na web exige comportamento ativo, que demanda certo esforço intelectual para o aprendizado e o uso da interface. Ciente destes desafios, meu objetivo como UX designer é contribuir para a evolução do produto e satisfação dos clientes.

Eficácia

Objetivo	Como	Porque
Identificar se a tarefa cumpre o objetivo proposto.	Validar se a usuária consegue executar determinada tarefa.	O sistema deve ter o comportamento que a pessoa usuária espera.

Tabela 1: Eficácia.

Para um objetivo maior, a usuária precisa passar por uma série de pequenas tarefas que compõem a tarefa macro. O sucesso de cada uma dessas tarefas é essencial para a composição do objetivo maior. Sem atingir o objetivo de cada uma dessas pequenas tarefas não será possível atingir o sucesso da tarefa maior.

Desta forma, o acompanhamento deste processo durante o teste de usabilidade é muito importante pois nos dá indícios sobre o atingimento do sucesso do objetivo proposto. É uma escala binária: a usuária consegue ou não consegue atingir o objetivo.

Por exemplo, ao criar uma Landing Page no RD Station a usuária precisa realizar uma série de pequenas tarefas como: atribuir um modelo de template, escolher um nome para o modelo, criar um título, etc. O sucesso de cada um destes passos compõe todo o fluxo em direção ao objetivo maior que é criar uma Landing Page.

Eficiência

Objetivo	**Como**	**Porque**
Identificar se a usuária consegue cumprir a tarefa dentro de uma determinada unidade de tempo.	Medir a velocidade de execução da tarefa.	A velocidade em que uma tarefa é executada através do uso do sistema está relacionada diretamente com a sua eficiência.

Tabela 2: Eficiência.

Antes mesmo de rodar o primeiro teste é possível projetar um tempo adequado que a usuária vai ficar em cada uma das tarefas, atribuindo uma projeção. A partir da 2ª rodada de testes já é possível validar essa projeção e obter de forma prática um tempo médio de execução de cada uma das tarefas.

Assim, se a pessoa usuária sentir-se confusa, perdida ou ficar presa em algum ponto específico do fluxo de navegação, teremos como reflexo disto um maior tempo de execução. Podemos dizer então que a tarefa foi eficaz, mas não foi eficiente, pois a pessoa ficou um tempo muito maior do que o previsto. De toda forma, a culpa é nossa, projetistas da UX, não do usuário.

Por exemplo, ao criar o primeiro experimento identificamos que o tempo médio desde que a usuária recebe o pedido da tarefa até iniciar propriamente o fluxo é de 10 segundos. Se alguma usuária ficar muito mais que 10 segundos até conseguir concluir a tarefa identificamos que ela foi eficaz, mas não foi eficiente o bastante.

Quanto mais distante o tempo de execução for do tempo médio, menor será a eficiência da tarefa. É importante medir estes pontos de contato pois o somatório reflete na experiência como um todo, que pode ficar prejudicada.

Satisfação

Objetivo	**Como**	**Porque**
Medir o grau de satisfação da pessoa usuária ao realizar determinada tarefa.	Mensuração da satisfação através de uma escala linear.	Quanto maior a satisfação, maior será a lealdade ao produto.

Tabela 3: Satisfação.

A satisfação é essencial para levantarmos pontos que as pessoas adoram ou detestam na realização de tarefas, pois se há algo que foge muito da curva este pode ser um bom indicador. Da nossa parte, como projetistas da UX, nossa expectativa é que as pessoas usuárias tenham experiências agradáveis, sintam-se confortáveis e satisfeitas ao realizarem suas tarefas.

Existe uma correlação entre a satisfação dos clientes, a retenção no produto e a lucratividade das empresas. Assim como a qualidade do que estamos entregando, a satisfação dos clientes é capaz de afetar o resultado do produto final.

Figura 8: Escala de Likert. Exemplo de escala para a pergunta a respeito da satisfação.

Caso as usuárias não consigam atingir seus objetivos ao utilizar produtos e serviços ou sintam-se frustradas, a tendência é o declínio em relação à demanda desses serviços. É possível que a usuária venha a realizar essa tarefa uma vez na vida. Mas é importante pensar também em operadores, que irão realizar determinada tarefa 20, 30 vezes (ou até mais) no mesmo dia. O mínimo que se espera é que seja uma experiência agradável.

> *Se o desempenho não alcançar as expectativas, o cliente ficará insatisfeito. Se o desempenho alcançar as expectativas, o cliente ficará satisfeito. Se o desempenho for além das expectativas, o cliente ficará altamente satisfeito ou encantado. (KOTLER, 2000:p.58).*

Talvez o mais importante seja compreender que os testes de usabilidade não devem ser limitados a um teste burocrático no final do processo. Eles devem permear todo o ciclo de desenvolvimento do projeto centrado nas pessoas usuárias.

Capítulo 6

Como a cultura de UX pode inspirar os times na construção de produto

Integrando diferentes times de produto através do chapter de design

Tudo começou quando recebemos o desafio de desenvolver uma nova feature para o RD Station, o Teste A/B tanto para landing pages quanto para email. Por estar sempre próximo ao suporte, presenciava e sentia a dor do nosso cliente e quanto a feature que estávamos projetando seria de extrema relevância para o usuário do RD Station, mas principalmente para clientes mais avançados que já utilizam ou precisam utilizar técnicas de CRO (Otimização para Conversão).

Procuramos trabalhar dentro dos times de forma colaborativa em relação ao processo de design. O que eu quero dizer com isso: em ambos os times envolvidos, toda a parte de Discovery, Protótipo e Testes com as usuárias foi conduzida de forma colaborativa. Principalmente para otimizar os aprendizados e por entender que precisávamos explorar um conceito e não apenas uma feature.

Conhecendo as particularidades envolvidas nas verticais de email e landing pages, estes estudos foram essenciais para criar o alinhamento necessário em torno do conceito. Assim, quando houver a necessidade de ampliar a feature de teste AB para outras features (como formulários, popups, automação) já sabemos qual é o conceito estabelecido e como aplicá-lo no desenvolvimento do software.

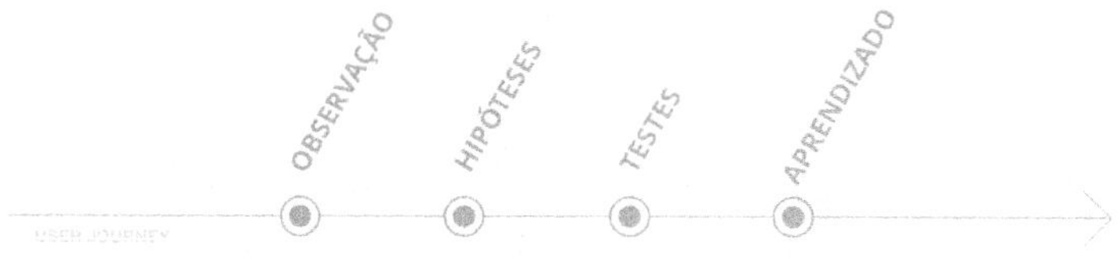

Figura 9: A jornada consiste em observação, hipóteses, testes, aprendizado.

Destaco que a união de designers entre diferentes times foi extremamente importante para a evolução do produto e para uma entrega com maior qualidade. Não que seja uma tarefa fácil, mas a dedicação e empenho de todos os envolvidos contribuiu para gerar um produto muito mais robusto e capaz de suportar uma escala de crescimento com alta velocidade.

Integrando o chapter de design entre times

A pessoa designer deve ser capaz de entender não apenas a usuária, mas dentro do desenvolvimento do produto, compreender aspectos relacionados à natureza de cada feature e como será o impacto da solução em relação à engenharia.

Assim, o trabalho de designers em dupla fortaleceu muito a visão do produto de forma mais ampla, abordando aspectos relacionados à UX, negócio e a visão do produto como um todo.

A proximidade da equipe de design influenciou com que outros membros do time também trabalhassem de maneira colaborativa. Boas conversas facilitam muito o entendimento do que deve ser feito.

Começando por um playbook com a visão de PM, integramos com o estudo da jornada do usuário (UX), fizemos benchmarking estudando os melhores players do mercado e apresentamos o projeto para todo o time de produto.

Ao final, todos os times relacionados ao desenvolvimento estavam envolvidos, preocupados em proporcionar a melhor experiência para a usuária, mas também atentos aos desafios de engenharia e os possíveis impactos nos cenários atuais.

Colocando os testes de usabilidade para rodar

Procuramos conduzir os testes sempre de forma participativa, ou seja, os envolvidos com o projeto também participaram dos testes de usabilidade.

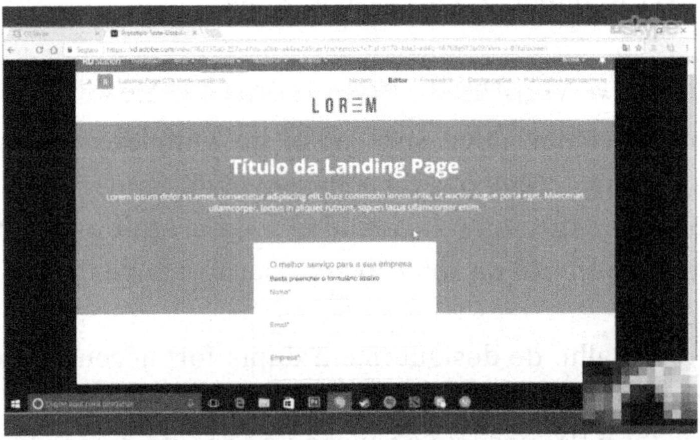

Figura 10: Aplicando testes de usabilidade de forma remota utilizando Skype.

Os product managers assistiram, contribuíram, colaboraram e ajudaram a tornar os testes mais robustos para extrair aprendizados mais consistentes.

O time também participou, acompanhando os resultados e como estávamos evoluindo a cada novo teste que era realizado.

Aprender, ajustar rápido e fazer novos testes

Tínhamos um roteiro previamente estabelecido. Mas se algo precisava ser modificado no meio do caminho, estávamos prontos para ajustar e melhorar a próxima rodada de testes com usuárias.

No intervalo dos testes havia um tempo para realizar alguns ajustes. Isso foi muito importante pois permitiu identificar pontos que precisavam de melhoria. Assim foi possível ajustar para não repetir algo que não estava bom com a próxima usuária. Inclusive para validar uma solução para algum problema que havia sido diagnosticado.

Enfatizo a importância em construir uma visão estratégica do produto, não apenas relacionada a cada time, mas priorizando também negócio e engenharia.

Como a base conceitual está compartilhada entre os times, destaco ainda o aproveitamento deste aprendizado cross-team tem imenso valor e contribui para odesenvolvimento ágil.

Dentro de uma visão que ser ágil é também evitar desperdício de tudo aquilo que estamos fazendo, entregando qualidade para os nossos clientes e contribuindo para o crescimento escalável da empresa e do nosso produto.

Capítulo 7

UX Writing e Arquitetura de Informação

O que é UX Writing, como surgiu, porque aplicar e como isso se conecta com a arquitetura de informação

Em abril de 2018 estivemos participando, eu e Pedro Belleza, do Curso de UX Writing ministrado por Bruno Rodrigues na Mergo, em São Paulo.

É com imensa satisfação que escrevo este capítulo do livro pois fiquei muito feliz com o fato da RD Station ter apoiado a nossa participação no curso na época. E agradeço muito o Bruno Rodrigues por todas suas contribuições à respeito deste conteúdo, que são anotações feitas a partir do seu curso.

Figura 11: Bruno Rodrigues, Pedro Belleza e Josias Oliveira.

O que é UX Writing

O UX Writing utiliza como fonte a consulta de dados. Nós, como designers e projetistas de software, produtos, sites, sistemas ou aplicativos visuais, temos como premissa criar interfaces que utilizem esses dados como fonte de consulta. Esta parte do livro foi escrita com base no curso de Bruno Rodrigues e os textos aqui são referências apresentadas por ele.

Assim exibimos na interface aquilo que é mais relevante para determinadas usuárias dentro de um contexto, transformando o que antes eram apenas dados em informações úteis para quem utiliza nosso produto.

> *Apaixone-se também pela informação, não apenas pela palavra. - Bruno Rodrigues*

Como surgiu UX Writing

UX Writing surgiu da necessidade de um estudo aprofundado do universo semântico. Antigamente dava-se mais importância para a construção da frase.

Hoje em dia entende-se que há importância, ou melhor, que há uma maior relevância na palavra. Dedica-se mais energia em palavras individuais.

As usuárias estão cada vez mais exigentes com a objetividade da informação. Assim o UX writing se preocupa mais com o 'pedacinho', com a unidade mínima da escrita, que é a palavra. Escolher a palavra certa, dentro do contexto correto para comunicar o objetivo de forma precisa, transformando isso em informação.

Texto curto é a consequência da objetividade. - Bruno Rodrigues

Universo Cultural e UX Writing

Neste tópico são levantados aspectos importantes sobre a como precisamos estar atentos ao universo cultural, ou seja, sobre contexto no qual seu produto ou serviço estará inserido e como isso afeta diretamente a forma como construímos o que será escrito para a interface.

Você tem certeza que a palavra farol tem o mesmo significado no Brasil todo? Por exemplo: Farol, sinal, sinaleira, semáforo. - Rodrigues

Para alguns pode ser apenas o farol de um carro ou de um outro veículo, mas para outros pode significar um semáforo ou uma sinaleira. Tudo depende também do universo cultural em que estamos trabalhando e o contexto onde essa palavra está inserida.

O que é uma palavra: é a comunicação personificada. - Rodrigues

Camadas de Conteúdo

A distribuição da informação por camadas de conteúdo é um outro aspecto importante levantado por Bruno. Principalmente quando estamos falando sobre o que de fato a gestão da informação busca como essência.

Transformar esses dados em informação para gerar conhecimento, especialmente quando trabalhamos a educação das nossas usuárias.

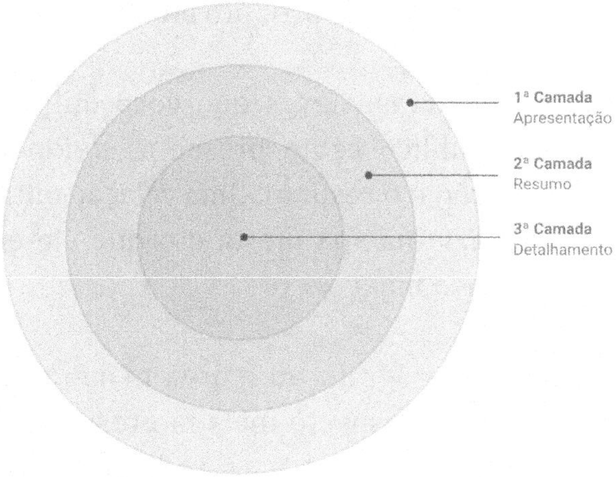

Figura 12: Modelo de camadas de conteúdo segundo Bruno Rodrigues, quanto maior a profundidade, maior o envolvimento da usuária.

Apresentação

Imagine que a pessoa está navegando pela Internet ou procurando um aplicativo em alguma loja, qual a primeira coisa que a pessoa se depara? Exatamente, na sua apresentação. Especialmente dentro do universo de produtos digitais, trabalhamos de uma forma bem intensa no marketing para conseguir e qualificar novos Leads.

É o primeiro contato que o visitante terá com o seu produto ou serviço. Nesta primeira camada é importante selecionar a informação que desejamos comunicar. O foco aqui é buscar a objetividade, principalmente para economizar espaços. E se possível não repetir informações, explorando assim a criatividade.

Resumo

O visitante prestou atenção na sua apresentação e, dentro do contexto, achou interessante e quer saber um pouco mais.

Precisamos pensar como desenvolver um resumo. Fichas com as informações básicas sobre o produto auxiliam no entendimento.

Verifique se as palavras-chaves que você utilizou para captar a atenção do seu público estão presentes, criando uma conexão entre a apresentação e o resumo. Uma relação entre o que chamou a atenção da usuária na sua oferta e o que ele encontra quando quer saber um pouco mais.

Utilize o primeiro parágrafo ou a área mais proeminente do seu layout para abordar o aspecto mais interessante do seu produto. Restrinja numa ideia central para cada parágrafo que você for utilizar. Estruturar o conteúdo utilizando itens ou bullets também pode ser uma boa opção dependendo do espaço disponível.

Detalhamento

A usuária já foi atraída pelo seu anúncio, pela descrição da sua página e entendeu qual o resumo do seu produto ou serviço. Esse visitante está interessado, conseguimos atrair a atenção e despertar o seu interesse.

Agora podemos detalhar um pouco mais ainda assim sem perder a objetividade. Nesta camada entre o detalhamento do que você tem à oferecer. Eventualmente aqui podemos oferecer que a usuária experimente de forma gratuita o que temos a oferecer, como um trial ou uma conta gratuita.

Assim criamos a ponte de ligação entre despertar o interesse da usuária, atrair sua atenção e efetivamente criar encantamento. O cliente nos oferece o recurso mais precioso que é sua atenção e, em troca, oferecemos algo que realmente irá ajudá-lo a solucionar o seu problema.

Arquitetura da informação

Pensar em arquitetura da informação é o ato de dissecar o óbvio. Todo este processo está ligado diretamente à nossa maneira de pensar e de viver.

Como profissionais ou acadêmicos, precisamos estar atentos para detalhar aquilo que para muitos parece trivial e estruturar, classificar, catalogar e organizar a informação.

Todos os movimentos relacionados à organização espalhados estão pelo mundo. A arquitetura de informação é uma forma de arrumar para construir a informação.

O sistema pode ser complexo e operacionalmente cheio de desafios para quem trabalha com o produto, mas tem que parecer evidente ao olhar de quem usa. Este com certeza é o maior desafio e estamos empenhados em resolver para aumentar a régua da qualidade.

Como designers é nosso papel tornar claros os objetivos do produto. Evidenciar também o conteúdo e as funcionalidades (features) que estão disponíveis. Especificar como as usuárias irão encontrar as informações e entender como funcionam as features do seu produto. E por fim preparar o terreno para eventuais mudanças no roadmap e suportar o crescimento, dando sustentação para a escalada do seu produto.

Acessibilidade para construir a UX

Começando por um conceito básico que é: se algo que foi projetado funciona para pessoas que precisam de algum tipo de auxílio, esta interface também deve funcionar para qualquer pessoa.

Detalhes simples como uma imagem na sua interface que foi "esquecida" pelo UX Writer na sua tag ALT (que na linguagem de marcação HTML significa "texto alternativo") fazem toda a diferença para pessoas que utilizam dispositivos que lêem interfaces.

Dedique o mesmo esforço que você investe na construção da legenda da sua foto também para os recursos essenciais de acessibilidade. Vale aqui pensar nisso como um conceito, não apenas como uma ação isolada.

O que você faz funciona para todas as pessoas?

O retorno econômico deste investimento será o resultado de um trabalho abrangente e realmente voltado para a usuária.

Significa que o que você faz deve funcionar para as pessoas que são usuárias do seu produto, deve fazer sentido para quem desenvolve o produto e mais importante: deve fazer sentido para a organização que apostou as fichas no seu trabalho.

Capítulo 8

Sistemas de organização para produtos digitais

Estabelecendo argumentos técnicos para a organização de sistemas

Pensar na experiência do usuário é uma tarefa complexa. Além de envolver uma série de fatores internos e externos, precisamos conhecer quais as melhores formas de organizar o conteúdo.

Principalmente em arquitetura de informação, a organização de um sistema tem papel preponderante no planejamento e execução de produtos digitais. O que abordo neste capítulo fala sobre essencialmente o que são sistemas e de organização e alguns métodos de organização desses sistemas.

Sistemas de Organização

Um dos primeiros tópicos quando estudamos arquitetura de informação está relacionado com a organização de conteúdos. Surge-nos assim uma questão essencial: A principal função da organização é categorizar e criar opções para a estrutura de construção do produto.

Sistemas de Organização Exatos

Direcionados para objetividade, que exigem pouco ou nenhum esforço intelectual. São eles os alfabéticos, cronológicos e geográficos.

Alfabéticos

Acesso rápido à informação, principalmente se o usuário já sabe o que está a pesquisar . Este tipo de organização serve como estímulo à navegação.

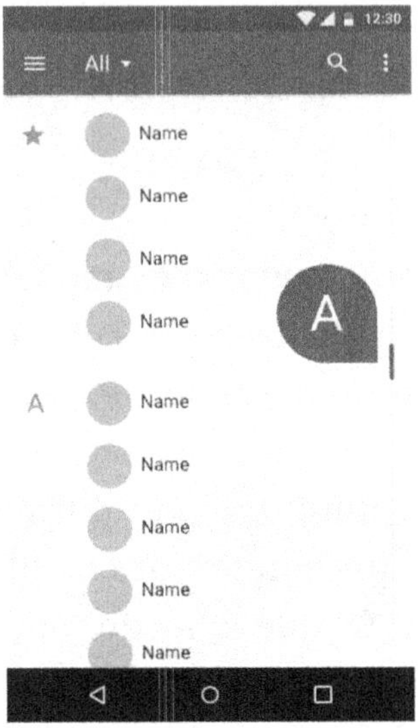

Figura 31: Sistema de organização alfabético aplicado a mobile. Fonte: Google Material.

Cronológicos

Deve ser fácil de usar, fácil de desenhar. O que o próprio nome sugere, a organização do conteúdo através de uma linha de tempo.

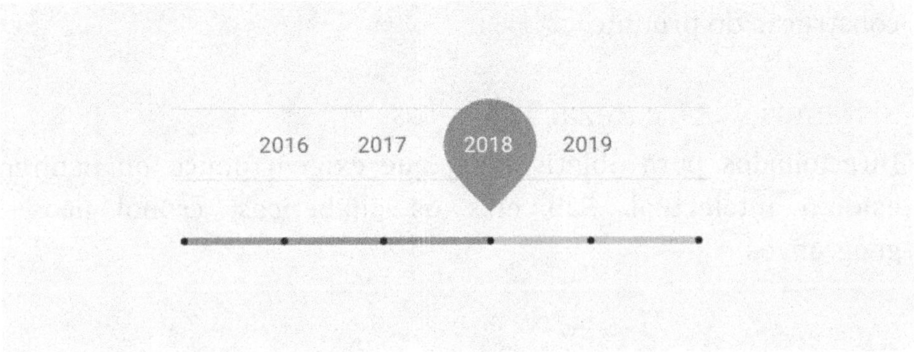

Figura 32: Sistema de organização cronológico. Fonte: Google Material.

Geográficos

Agrupar diferentes aspectos sob um mesmo tema. Organização centrada na orientação por ambientes, aspectos políticos ou sociais e econômicos.

Figura 33: Organização geográfica, de acordo com a localização do ambiente. Fonte: Google Material.

Sistema de Organização Ambíguos

São mais voltados para subjetividade, criando uma navegação direcionada para a aprendizagem. São exemplos os orientadas para a tarefa e direcionados para a audiência.

Orientados para a tarefa

Estes são bastante utilizados em processadores de textos e sistemas de gestão.

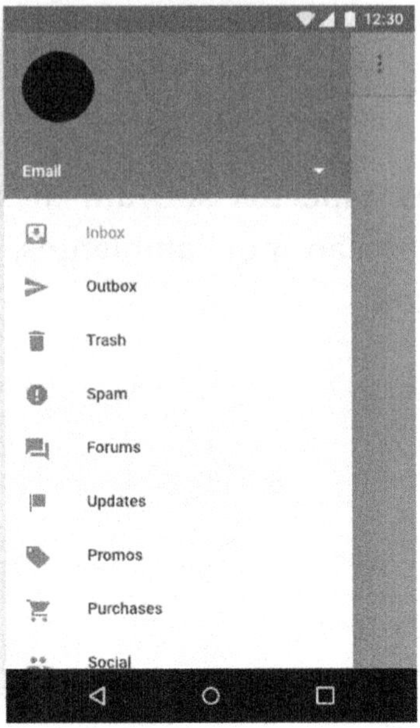

Figura 34: Organização orientada para a tarefa. Fonte: Google Material.

Orientados para a audiência

Tornam mais evidentes as diferenças entre conteúdos para públicos distintos. Portais e serviços públicos utilizam bastante este recurso.

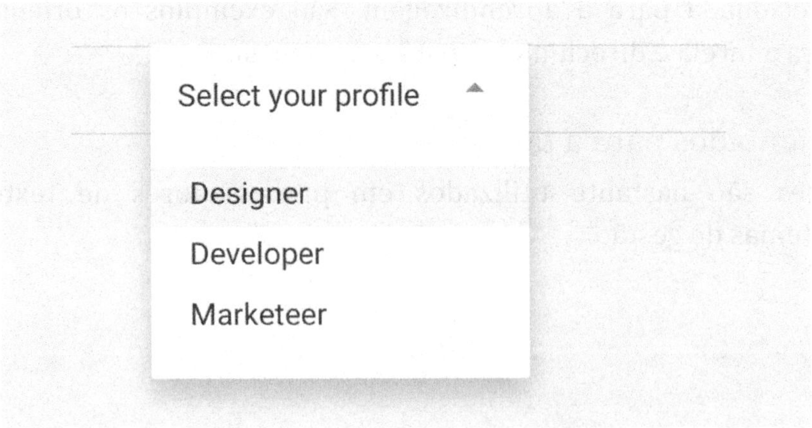

Figura 35: Acesso orientado de acordo com o perfil do público.

Os sistemas de organização são utilizados para determinar como os usuários irão encontrar as informações. A sua principal função é categorizar e criar opções de estrutura para a construção de um produto. Além de auxiliar na projeção de mudanças futuras e contribuir para a escalada de crescimento.

Estas técnicas evitam diferenças de perspectiva, proporcionam uma abordagem voltada para a heterogeneidade de públicos. Assim como fornece argumentos técnicos para eventuais disputas políticas em torno do assunto dentro das empresas, pautada por argumentos técnicos. Agradecimentos especiais ao Bruno Rodrigues, pois grande parte deste material foram aprendizados de um curso que fiz com ele.

Capítulo 9

Microcopy: a importância de escrever mensagens para a estratégia de produto

Como elevar sua abordagem de experiência

Por muitos anos, especialmente na década de 2000, a tendência foi para interfaces limpas. Acredita-se que as interfaces que usam conceitos de "bom design" sejam construídas usando fontes muito pequenas, muitas sombras e alguns efeitos 3D.

Em outros casos, alguns conceitos estabelecidos minimizam a importância do copywriting nas interfaces. Também ouvi dizer que não era preciso dar muita atenção ao texto, afinal ninguém os lia mesmo. Pessoas que trabalharam muitos anos nesta área provavelmente se lembrarão disso.

Hoje, vendo a importância crescente da disciplina de UX para organizações e grandes empresas, é cada vez mais evidente que UX e Microcopy combinam. Costumava dizer que a própria definição de UX se confunde um pouco com a microcopy que povoa as interfaces dos produtos digitais.

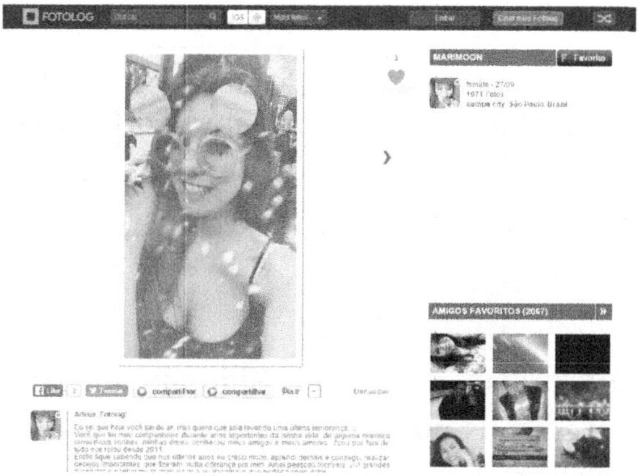

Figura 13: Fotolog, um clássico do design dos anos 2000.

De acordo com Yifrah, a definição de microcopy:

> *As palavras ou frases na interface da usuária estão diretamente relacionadas às ações que uma usuária realiza. 1. A motivação antes da ação; 2. Instruções que acompanham a ação; 3. O feedback após a ação do usuária; - Kinneret YiFrah, 2019.*

Este conceito é muito importante porque estabelece uma nova visão sobre a importância da Microcopy para projetar uma interface. Ele também traz a abordagem estratégica que leva a questão a um novo nível, levando os direitos autorais ao cerne das decisões nos níveis mais altos da corporação.

Mas, afinal, o que uma microcopy pode fazer pela interface? Yifrah aborda algumas perspectivas sobre o que pode ser feito.

Crie uma experiência positiva e envolva a usuária

Expanda o engajamento e crie uma nova visão para as pessoas usuárias que usam seu produto. Ajuda a reduzir o abismo entre a máquina e os sentimentos humanos, sempre presentes em qualquer situação. Mostre à pessoa uma visão que também utiliza o produto. Deixe claro que alguém antes dele pensou e projetou essa experiência no sentido de ajudá-lo a cumprir a tarefa, humanizando o relacionamento.

Aumente a usabilidade

Melhora significativamente a usabilidade do que é projetado, minimizando possíveis pontos de atrito com as usuárias. Palavras pequenas bem pensadas e pensadas para aparecer na hora certa e na hora certa para tornar todo o processo mais fluido.

Ele fornece uma visão de quem é a usuária do sistema e quem realmente usa seu produto.

Melhorar a marca e a diferenciação

Aqui eu acredito que mora a visão mais importante do ponto estratégico sobre o conceito de microcopy. Pensar como a voz e o tom, o que vamos falar e como vamos falar afeta toda a percepção das usuárias em torno da marca.

Traga para a interface toda a personalidade que projetamos para um produto, criando uma experiência verdadeiramente única. Analisando a estratégia da marca, mapeando os pontos de contato e diferenciando seu produto do restante da concorrência.

Existe um enorme potencial no estudo da microcopy. E como eles podem estender a experiência da marca em um mundo tão saturado de informações e abraçar a personalidade do seu produto de forma que envolva a experiência das pessoas usuárias.

O livro de Yifrah fornece um estudo metodológico muito aprofundado, recomendado não apenas para quem já trabalha com UX há muitos anos, mas principalmente para aqueles que pretendem iniciar no campo de estudo de UX.

Capítulo 10

Boas práticas de copywriting

Como melhorar a conversa com suas usuárias através de caixas de diálogo, modais e outros recursos em produtos digitais

As caixas de diálogo são muito usadas em sistemas, aplicativos e produtos digitais. Elas são extremamente úteis e proporcionam controle para a usuária se utilizadas corretamente. Porém é importante salientar que, dada a característica interruptiva, deve ser utilizada com moderação para não "bombardear" as usuárias com informações que não sejam relevantes para o contexto.

E o que é relevante para um determinado contexto? Quando, dentro da jornada do usuário, chegamos a um ponto de inflexão onde é exigido do usuário a tomada de uma decisão. Esta decisão muitas vezes possui consequências futuras, que levarão a usuária para o próximo nível ou ainda podem adicionar camada de complexidade.

Normalmente isso é necessário quando a própria usuária solicita uma ação que exige um processamento pelo sistema, seja a compra de um determinado produto ou serviço, a atualização de um software ou ainda a exclusão de dados de sua conta. Podem existir muitas outras, mas esses são só alguns exemplos.

Começando pela estrutura, busquei definir como é a estrutura básica de uma caixa de diálogo e quais são as principais preocupações necessárias aos projetistas de software para tornar a experiência para o usuário intencionalmente mais agradável e com menor fricção.

A anatomia de uma caixa de diálogo

Uma caixa de diálogo é constituída de 3 itens principais que são referentes ao copywriting: Título, Conteúdo e Ações.

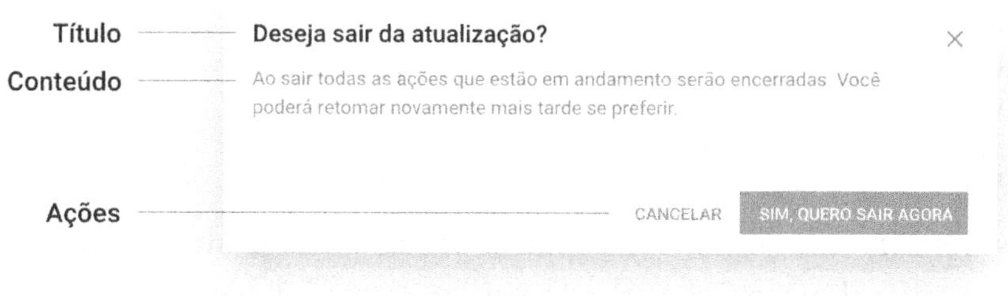

Figura 14: Anatomia de uma caixa de diálogo. Fonte: Google Material.

O título é referente à chamada principal de sua ação. É ele que inicia o contato com o usuário e deixa clara qual a ação que será esperada.

O conteúdo é super importante para detalhar as funções e quais as possíveis consequências das ações realizadas.

As ações ou CTA (call to actions). São botões que possibilitam ao usuário escolhas ou caminhos diferentes dentro do fluxo de navegação.

Quando chamar a caixa de diálogo

A caixa de diálogo deve ser acionada imediatamente quando é necessária uma ação por parte do usuário. Mostrar uma caixa de diálogo sem um comportamento esperado pode causar confusão e frustração. Um exemplo de uma prática que deve ser evitada são os Pop-ups que aparecem sem qualquer explicação dentro de um site. Além de ser desagradável, passa uma ideia de falta de seriedade.

Prefira mostrar o diálogo quando realmente fizer sentido dentro da jornada ou dentro da ação que o seu produto se propõe a fazer. Assim o usuário irá entender do que se trata e as chances dele interagir e engajar aumentam consideravelmente.

Deixe claro o objetivo do diálogo

Desde o início, deixe claro qual o objetivo do diálogo e porque ele se encaixa dentro do contexto ao qual está sendo exibido. Procure orientar sobre qual será o resultado das ações que o usuário venha a adotar, sejam elas no sentido de seguir o fluxo proposto (caminho feliz) ou deixar para executar a ação mais tarde.

Dentre as boas práticas que considero como saudáveis para o relacionamento através do diálogo, procure evitar termos que possam causar insegurança ao usuário. Prefira títulos que já sejam claros e convidativos para a ação. Uma boa dica neste caso é observar qual o verbo será utilizado dentro do contexto da interface.

Por exemplo, se o objetivo é deletar ou atualizar, use o verbo referente à ação que será realizada. Além de deixar clara qual a ação, também é importante dizer quando ela vai acontecer (agora). Isso dá uma noção de controle e previsibilidade para o usuário (hum.. eu sei o que vai acontecer se eu clicar neste botão).

Evite mensagens como	**Prefira mensagens tais como**
Importante!	Gostaria de agendar o envio?
Aviso!	Atualizar o aplicativo agora?
Esta ação é irreversível!	Deseja deletar este usuário?

Tabela 4: Boas práticas em mensagens.

Crie uma oferta de valor

Ao invés de simplesmente oferecer uma informação, diga o porquê você está oferecendo determinado recurso e como aquilo será importante para o usuário caso ele opte por escolher.

Cada oferta que você vai fazer na sua interface como se fosse um produto e qual o valor que aquela oferta tem para o usuário. Foque muito mais nos benefícios que aquilo que você está ofertando traz para o usuário.

Pense como se você estivesse oferecendo um produto, foque nos benefícios. Muitas vezes é tentador falar somente sobre a feature ou sobre o nosso próprio produto ou serviço, por isso é tão importante este exercício para tentar extrair o que realmente tem valor para quem estamos oferecendo. Você não é o seu usuário, então saber o que tem valor para ele é o principal aspecto nesta descoberta.

Ofereça chamada para a ação

Tornar a experiência mais agradável e fluida começa pela forma com que nos relacionamos e nos dirigimos para as pessoas. Imagine que você é usuário e coloque-se no lugar dele. Ao realizar uma ação, ficará muito mais fácil pensar em como mentalmente ele iria executá-la.

Figura 15: Definir o copy do CTA na primeira pessoa é uma boa prática.

Se o produto está oferecendo compras, a decisão por comprar ou não aquele produto não é do produto, é do usuário. Então é ele que pensa algo como "Hummm.. ok quero comprar agora". Ou ainda "não quero comprar agora, mas posso salvar na minha lista de desejos".

Sendo assim, se estas opções aparecem em alguma entrevista ou pesquisa com usuários, já temos definidas mensagens para os CTA dos botões como "*Quero comprar agora*"ou ainda "*Salvar na minha lista de desejos*".

Número de ações numa caixa de diálogo

Ao disponibilizar ações na caixa de diálogo, sempre que possível, opte por mostrar 2 opções de ação para o usuário. A ação principal seria a ação diretamente vinculada à tarefa a ser realizada — salvar, sair, continuar, comprar, etc — e uma segunda opção como prevenção ao erro, pois o usuário pode ter clicado sem querer ou apenas por curiosidade — cancelar, voltar, desfazer, etc.

No máximo 3, se fizer muito sentido. Procure não desviar o foco do usuário para uma nova aba ou outra janela, pois as chances da tarefa ficar incompleta aumentam muito se isso acontecer.

Se for realmente necessário oferecer uma terceira opção, evite que a pessoa saia do fluxo atual. Você pode oferecer uma ajuda contextual como um tooltip. Isso facilita a orientação e mantém o usuário no fluxo.

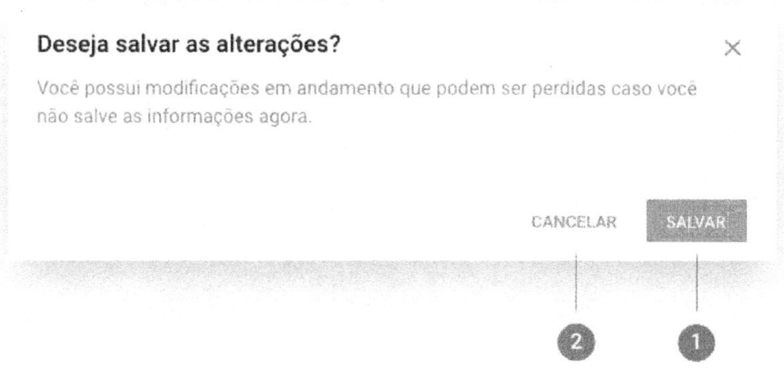

Figura 16: Modal de confirmação de ações: Deseja salvar as alterações. Opção primária é salvar e a secundária é cancelar.

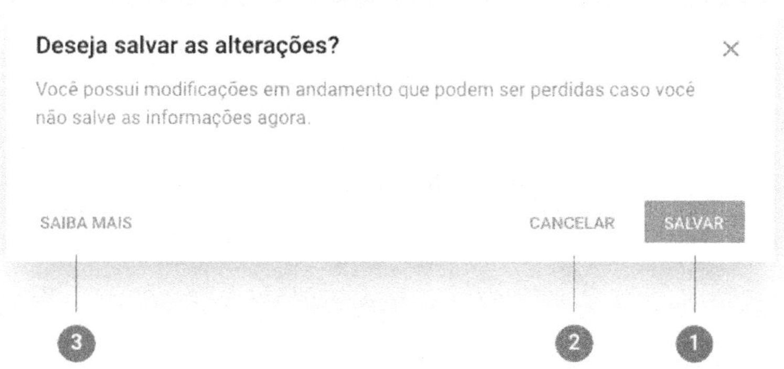

Figura 17: Modal de confirmação com 3 ações possíveis, sendo a terceira uma opção para saber mais sobre o que se trata aquela confirmação.

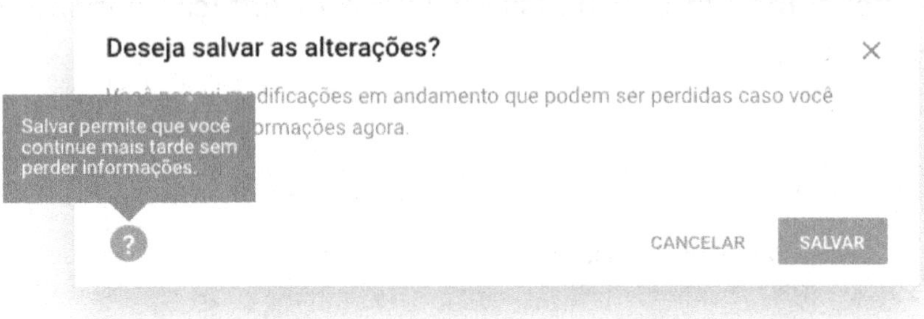

Figura 18: Terceira opção textual, sem retirar a pessoa usuária do contexto da ação.

Respeite a sua audiência

Isso deveria ser uma boa prática sempre, mas muitas vezes deparo com situações onde não é isso que ocorre. Já vi muitos casos de promoções que são colocadas em modais, principalmente em E-commerce, em que a ação "fechar a janela" vem acompanhada de uma ironia.

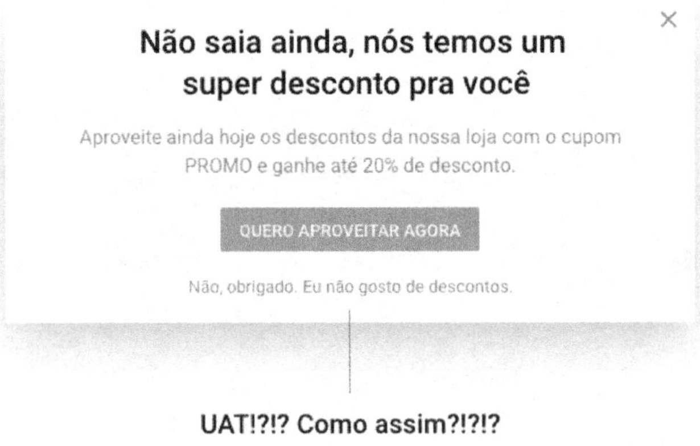

Figura 19: Exemplo de desrespeito com a audiência.

Você clicaria em algum botão que tenta dizer que você é menos inteligente por clicar ali? Simplesmente não faça uma coisa dessas. Se você não diria isso pessoalmente para um cliente, também não deve colocar isto em seu produto.

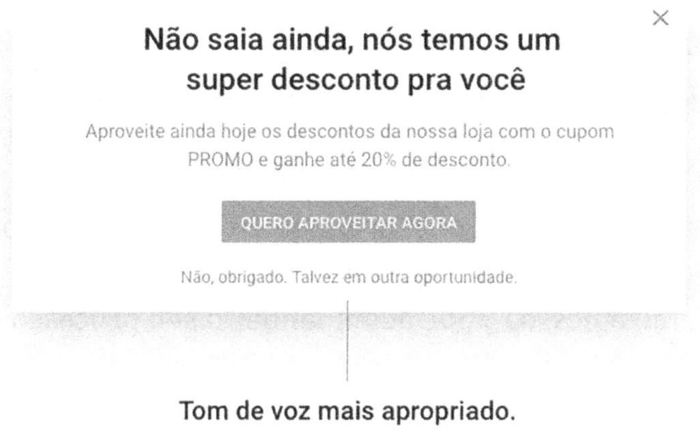

Figura 20: Tom de voz apropriado para uma mensagem.

Deixe o controle nas mãos da pessoa

Evite ações que sejam irreversíveis. Por mais que o seu produto ou serviço ainda não tenha uma opção ou recurso de sistema disponível para desfazer algumas ações, devemos evitar ações à usuária que não sejam passíveis de reversão.

É melhor investir na capacidade para desfazer ações e criar históricos do que proporcionar experiências que frustrem a usuária e que possam minar a sua confiança no produto e consequentemente sua resistência para frustrações.

Sempre que possível ofereça feedback

Dê retorno à pessoa sobre a ação realizada. Seja qual o caminho que o usuário venha a escolher, ofereça feedback para as ações realizadas. Além de ser uma boa prática é um princípio básico de usabilidade proposto por Nielsen (2007, Usabilidade na Web).

Resolvendo essas questões na prática

Existem algumas formas de elaborar essas mensagens através de exercícios que facilitam a construção de feedbacks:

- O que aconteceu.
- Se ainda não aconteceu, em quanto tempo irá ocorrer.
- O que a pessoa pode fazer enquanto isso.
- Como a pessoa pode acompanhar o seu processo ou pedido.

Capítulo 11

Escrever para as pessoas: descubra como seus usuários escrevem

Antes de sair escrevendo para essas pessoas, veja como elas se comunicam e entenda a linha de raciocínio

Algumas fontes ajudam a esclarecer essa questão. Antes de começar a escrever, tente falar com alguns dos seus usuários. Se você conseguir falar com dois já será ótimo.

Existem estudos (Nielsen, 2007) que comprovam que se você conseguir falar com 5 usuários será capaz de levantar 80% dos problemas de usabilidade. Faço a mesma analogia, se você conseguir falar com até 5 usuários do seu produto ou serviço, poderá ter um levantamento aproximado com 80% do contexto necessário para começar a criar mensagens para eles.

Você poderá levantar quais os principais pontos de interesse e como o seu usuário pensa. "Mas falar com a pessoa usuária é difícil, dá muito trabalho." Com certeza, nem sempre falar com seu usuário pode ser o caminho mais fácil. Existem outras fontes, além da própria entrevista em profundidade que já vimos neste livro (e eu espero que você já tenha aplicado), nas quais você pode encontrar informações confiáveis sobre como o seu usuário escreve.

NPS (Net Promoter Score)

Net Promoter Score é uma métrica que tem como objetivo medir a satisfação e lealdade dos clientes com as empresas. Além da própria métrica e das notas que os usuários atribuem à satisfação em relação ao seu produto, é possível que ele escreva as principais impressões sobre as experiências vivenciadas, de forma espontânea.

Digo espontânea por que não deve haver nenhuma interferência além do próprio estímulo em abrir uma caixa de diálogo com a possibilidade de deixar o campo aberto para que essa pessoa possa emitir as suas percepções acerca do produto ou serviço.

Além do fator quantitativo é uma fonte riquíssima de insumos e vem muita informação relevante de forma qualitativa. O que é ótimo para qualquer pesquisador. Aplicar uma campanha de NPS não é de graça.

Existem certos custos em termos de software e estrutura necessários para implementar e acompanhar de forma contínua. Mas existem algumas outras fontes de consulta que podem ser utilizadas, sem praticamente nenhum custo (até o final da edição deste livro). São elas:

B2B Stack

http://www.b2bstack.net

Voltado para o mercado de soluções B2B, o B2B Stack é uma plataforma super interessante porque além de atribuir uma nota para questões como recomendação, facilidade de uso, suporte, custo e funcionalidades, o usuário pode esclarecer de forma escrita O que ele mais gosta, o que ele menos gosta e quais o problemas que ele resolveu com a empresa.

Reclame Aqui

http://reclameaqui.com.br

Já bem conhecido no Brasil, o Reclame Aqui é uma fonte bem importante para consulta sobre o termômetro social da sua empresa. Faça um experimento (se você ainda não fez) e coloque o nome da sua empresa lá para verificar se há alguma avaliação ou comentário dos seus clientes.

Facebook Reviews

Se a sua página no Facebook possui o recurso de avaliações (reviews) liberados, estas avaliações tornam-se públicas e as pessoas podem atribuir notas entre 1 e 5 estrelas, assim como avaliar de forma descritiva suas experiências.

Google Play

https://play.google.com/store

Seguindo a linha da Apple Store, é outro excelente local para descobrir como seu usuário pensa caso sua empresa ou produto possua algum aplicativo disponível nesta loja.

Yelp

https://www.yelp.com

Possui um sistema de geolocalização que contextualiza as buscas a partir da posição geográfica desejada, oferecendo desde bares e restaurantes até barbearias, spas e serviços de entrega. Fique atento aos comentários que os usuários colocam nas reviews.

Trip Advisor

https://www.tripadvisor.com.br

Quem pensa que esse site pode ser útil apenas em viagens, está enganado. Ele possui um rico arsenal de avaliações e comentários relacionados a vários estabelecimentos comerciais, desde lojas e restaurantes até serviços locais. Talvez para quem desenvolve produtos-tech B2B não seja tão relevante, mas para serviços e B2C é uma excelente fonte de consulta.

Capítulo 12

Padrões Obscuros: usabilidade para o mal

Aplicação de princípios inversos de boas práticas e como isso gera frustração nas pessoas usuárias

Certa vez, em determinado produto, me deparei com uma situação curiosa. Fui impactado por uma experiência que me fez, sem querer, cometer um erro. Fiquei bastante curioso a respeito do que havia acontecido e resolvi analisar a situação.

Acredito que o ponto principal aqui é que a interface foi intencionalmente projetada para que eu cometesse o erro. Do ponto de vista de quem a projetou, ela cumpriu o seu papel.

Porém, do ponto de vista do usuário (que no caso era eu) ela me fez cometer um erro e escolher a opção inversa que eu gostaria e pela qual eu havia entrado no fluxo.

Pensando no fluxo, eu cheguei naquela caixa de diálogo (modal) porque eu gostaria de cancelar a minha conta. Fazendo esta associação, a lógica é que o CTA principal da minha ação seja concluir a tarefa que me fez chegar até ali.

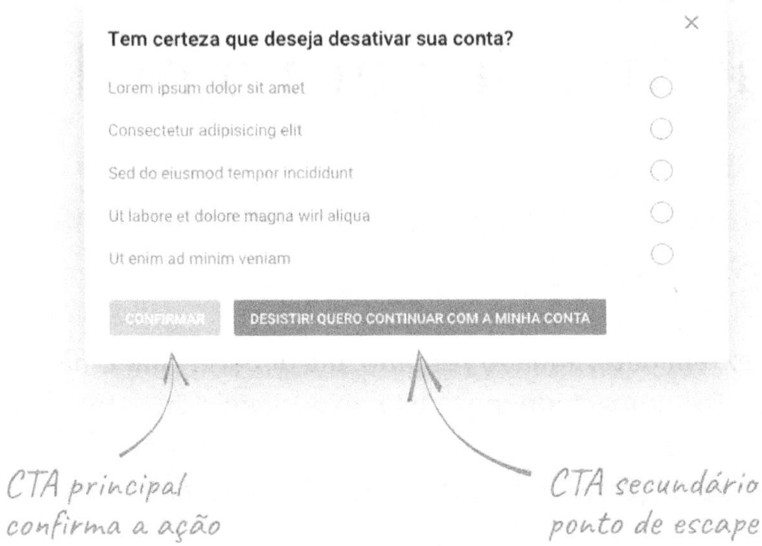

Figura 21: O botão CTA principal da caixa de diálogo está disfarçado de botão secundário.

O que aconteceu em seguida foi que eu cliquei no botão principal (vermelho), pois na velocidade da escolha o que eu li foi "quero continuar...". E pronto, cliquei no botão que cancelava a ação. Associei três fatores na tomada de decisão:

1. A hierarquia: Tanto a posição do botão principal e a posição dele dentro do modal de diálogo. Já estou acostumado a interagir com este elemento em diversos produtos.

2. O destaque: Tanto pela sua forma e solidez como em relação à cor e ao contraste.

3. A copy: O texto que induz a pensar no "quero continuar..." e se leio rápido assimilo apenas o que é mais importante naquele momento. "Tem certeza que deseja desativar sua conta? Claro, quero continuar..."

O resultado gerou frustração, porque eu não completei a ação que eu gostaria. Fiquei também bastante irritado, pois demorei para encontrar a opção de cancelamento e, quando eu a encontro, saio sem concluir o que eu precisava. E colocaram a confirmação no botão inverso, propositalmente, para dificultar o cancelamento. Com isso, a pessoa clicava "sem querer" no CANCELAR e cancelava o cancelamento.

Eu fiquei muito irritado com isso porque tive que fazer umas 2 vezes até entender o mecanismo perverso deles. E fica óbvio que intencionalmente ela foi projetada para que o usuário cometesse o erro. Se analisarmos vamos perceber que as opções estão invertidas. O botão de confirmação da ação está, na verdade, como ação secundária. Enquanto o botão de cancelamento, ou desistência, está como ação principal.

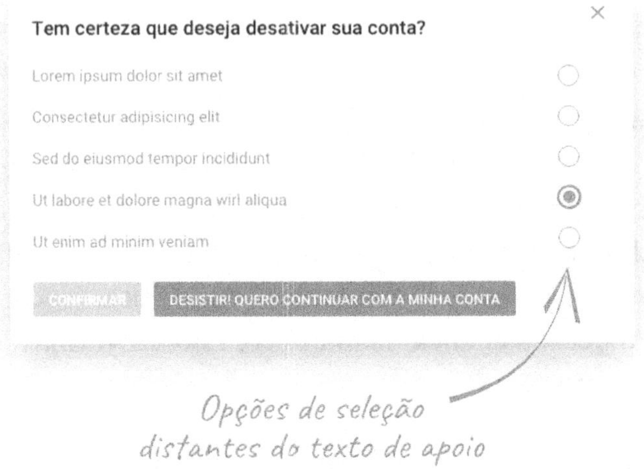

Figura 22: As opções estão distantes dos componentes de seleção (radio button).

Outra questão é a seleção dos motivos pelos quais me fizeram chegar até ali. Eu demorei alguns segundos para perceber que o botão de seleção estava na direita, completamente distante da opção que indica o motivo. Isso faz pensar em 2 aspectos.

O primeiro é o simples fato de afastar propositalmente a opção de seleção, o que dificulta a correlação entre as opções disponíveis e o que eu realmente gostaria de selecionar. Eu, como usuário do produto, fico pensando: Será que a opção que eu selecionei está realmente relacionada ao motivo correto?

O segundo ponto é em relação ao componente rádio, nativo do HTML, que poderia ser aplicado à esquerda e manter um padrão "consagrado". Este padrão permite fazer a associação de forma mais rápida. Porque intencionalmente dificultar a vida da pessoa usuária?

Sendo assim, fazendo um resumo, enfatizo um princípio de boas práticas para produto: permita que seu usuário entre e saia facilmente da sua aplicação. Assim como deve ser fácil e sem burocracias começar a usar o seu produto, o cancelamento deve ser tão suave quanto a entrada.

Capítulo 13

Design com emoção: trabalhando os impulsos motivacionais

Quais são os impulsos motivacionais e como eles ajudam as pessoas usuárias a tomarem decisões

Decisões invariavelmente iniciam com emoções, sejam elas movidas pelo medo, desejo de liberdade, alguma curiosidade, intenção de felicidade e muitas outras. É natural do ser humano o desejo de se sentir importante, ter um abrigo, conseguir dinheiro para adquirir bens, ser socialmente aceito.

Algumas pessoas pensam, erroneamente, que a paleta de emoções é infinita por considerarem que as emoções são complexas. Segundo Cialdini (1984), existe um conjunto finito de emoções que podemos nos referenciar.

Nós como designers ou gestores de produto somos direcionados a pensar de forma lógica. Seja por que estamos trabalhando com recursos ou "features", mas também por que temos que pensar em negócios, finanças, estatísticas, qualidade, confiabilidade, etc. É natural pensarmos e tomarmos decisões de forma racional. Mas é importante também construir o hábito em torno do estudo do comportamento através das emoções.

As emoções muitas vezes iniciam todo o processo de tomada de decisão e por mais que a nossa parte lógica e racional avalie fatos, muitas vezes são os impulsos emocionais que determinam a conclusão de uma ação ou uma tarefa. Já ouviu falar de "compra por impulso"?

Certos impulsos motivacionais ajudam no momento de criar estímulos para direcionar os usuários na tomada de decisão. Podemos influenciar neste processo utilizando técnicas de persuasão de acordo com o contexto e as palavras utilizadas.

Confira alguns destes impulsos e como são utilizados em determinados produtos, de diversos segmentos.

Confiança, credibilidade e autoridade

Existe uma grande chance dos usuários avançarem na etapa de compra ou no fluxo de navegação se oferecermos uma fonte confiável como apoio.

Saber que outras pessoas que já estiveram neste local avaliaram de forma satisfatória (confiança), assim como a qualidade de avaliações que foram feitas (credibilidade). E completando com a entidade que homologa a qualidade do que está sendo dito, que avaliza as informações (autoridade).

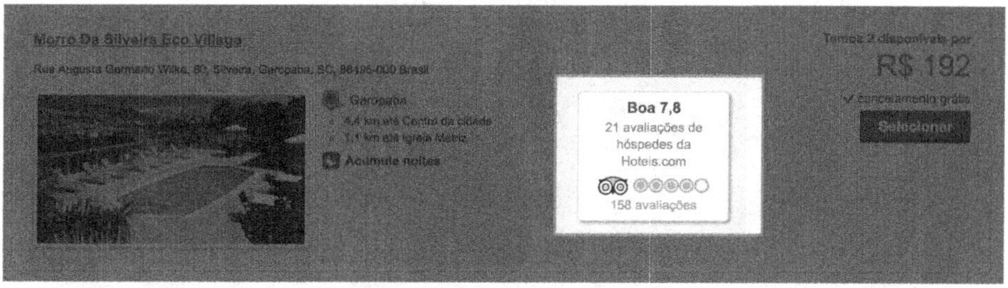

Figura 23: Avaliações da comunidade, feita por pessoas que já utilizaram o serviço.

Urgência

As pessoas farão mais se sentirem que é uma oferta limitada e que existe um tempo determinado para aproveitar o que está sendo oferecido. Note o uso da palavra "oferta" e o tempo estabelecido de "10 minutos" em contagem regressiva.

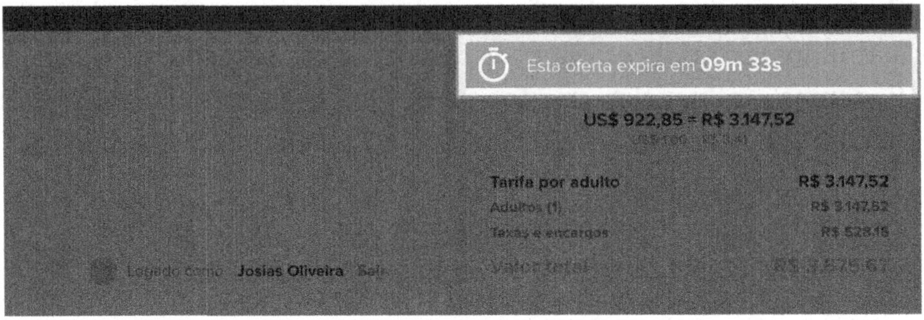

Figura 24: O cronômetro em contagem regressiva, criando a sensação de urgência.

Escassez

Tendemos a aceitar melhor se temos a sensação que a oferta é uma barganha. O senso de escassez está na palavra "Secreto", ou seja, de acesso limitado ou restrito.

A personalização na palavra "Seu", indicando que é único e exclusivo para quem está visualizando. E completando com um dash no maior valor e ao lado direito (maior e com a mesma cor do preço secreto) o valor final destacado.

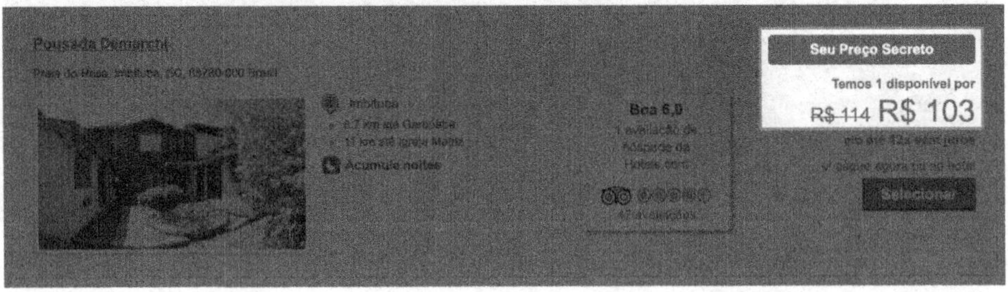

Figura 25: Precisa decidir rápido, pois é uma oferta exclusiva e só tem mais uma opção disponível.

Pertencimento

Uma das emoções mais primitivas, o desejo de pertencimento a determinado grupo social. A tendência natural é que faremos mais se há um sentimento de que mais alguém também está fazendo isso.

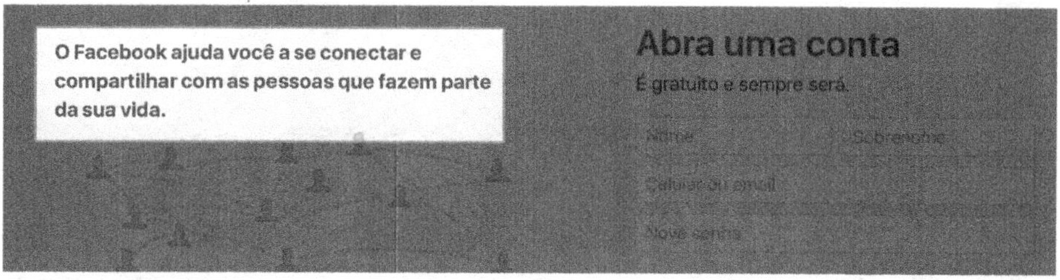

Figura 26: Detalhe para "as pessoas que fazem parte da sua vida". Isto faz toda a diferença.

Proximidade

Nós provavelmente faremos mais por pessoas que nós gostamos ou nós já conhecemos, principalmente se elas estiverem mais próximas. Veja no caso abaixo como é invocado o senso de proximidade em relação ao círculo de amigos, dentro do contexto.

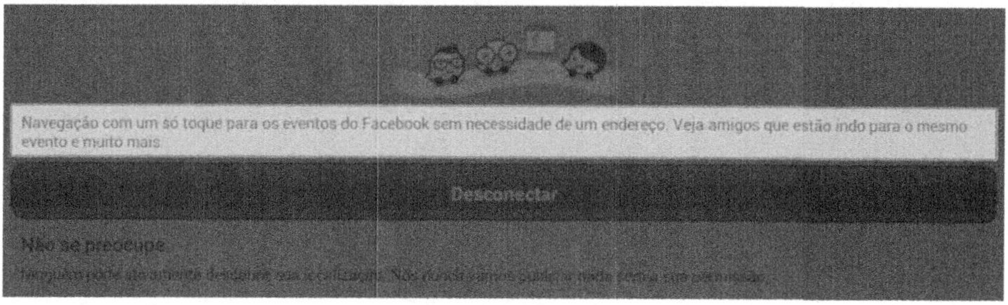

Figura 27: É possível saber se os meus amigos estão indo para o mesmo evento que eu vou. Em tempo real.

Reciprocidade

Se alguém oferece algo, como um presente, existe uma tendência natural em retribuir um gesto de boa vontade ou uma gentileza. A ação esperada fica clara, convidar pessoas próximas do seu círculo social. E como retribuição há uma recompensa financeira.

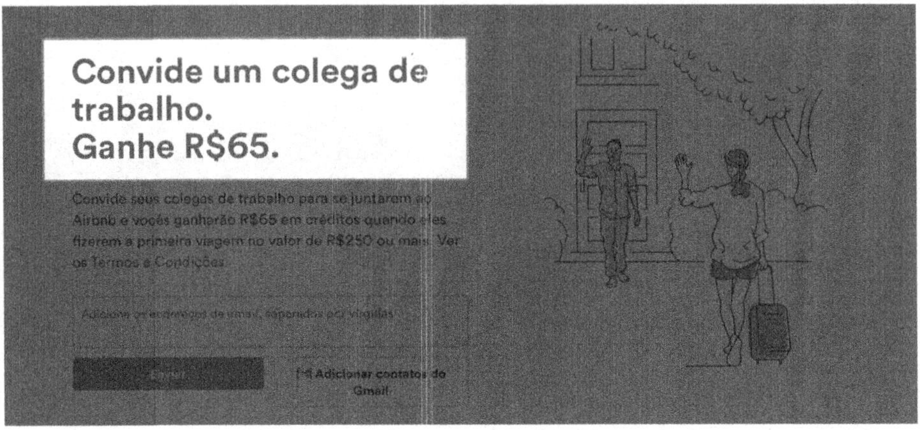

Figura 28: Fica claro o que eu preciso fazer (convidar alguém) e qual recompensa (voucher de R$ 65 para utilizar).

Completude

A sensação de urgência para completar coisas que os usuários começam. Existe um estímulo visual utilizando o sistema de "carimbo" no cartão fidelidade, assim como a indicação no texto de quantas faltam e não quantas eu já fiz. E qual a minha recompensa ao completar a tarefa "ganhe 1 grátis".

Figura 29: Acumule mais 2 noites e ganhe 1 grátis.

Consistência

É preciso manter a consistência com ações previamente realizadas. O segredo aqui é o compromisso. Mostrar claramente o que já foi feito e qual o progresso de forma transparente auxiliar no processo de influenciar o momento da tomada de decisão.

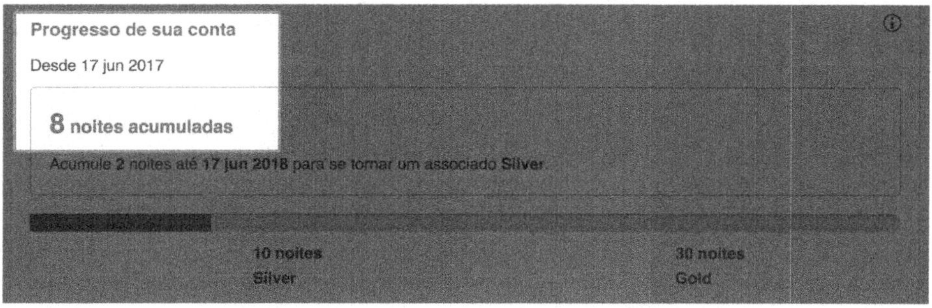

Figura 30: Sei quando iniciou o meu programa de fidelidade, qual o progresso e quanto acumulou até o momento.

Claro que existe uma linha tênue entre conhecer os conceitos e aplicar de forma ética. Na minha visão, essa linha é ultrapassada quando utilizamos esse conhecimento para fraudar o processo. Seja porque estamos criando uma falsa sensação de urgência ou uma vantagem que na verdade não é tão vantajosa assim. Por exemplo, um desconto de 10% que se aplica a qualquer pessoa.

Isso pode até funcionar nas primeiras vezes, mas logo as pessoas perceberão que aquele apelo foi criado de forma artificial. O que na prática irá prejudicar inclusive a reputação do seu produto. Então, utilize os conhecimentos adquiridos com ética e sabedoria.

Capítulo 14

Como o design emocional afeta a UX

Relatos de uma experiência onde a frustração prevaleceu e o que você pode aprender com isso

Era final de ano, quase véspera de Natal. Minha cidade foi acometida por um forte temporal. Mesmo fora da corrente no momento do fenômeno, meu modem de Internet queimou devido a uma forte descarga elétrica.

Abri um chamado na central da empresa através do site para resolver o problema. E confirmaram uma visita técnica. O técnico teria que ir até o local verificar o problema. Até aí maravilha, tudo lindo, show de bola. Imaginei: vão resolver meu problema. No dia da visita queria confirmar o agendamento. Afinal, ninguém gosta de ficar esperando.

Ainda mais sendo véspera de final de ano, a maioria dos serviços entram em modo de recesso, com menor número de funcionários. Eu queria uma confirmação que estava tudo certo mesmo. Acessando a central do cliente, a mensagem principal na HOME sobre a visita técnica era a seguinte: *Você não possui uma visita técnica agendada.*

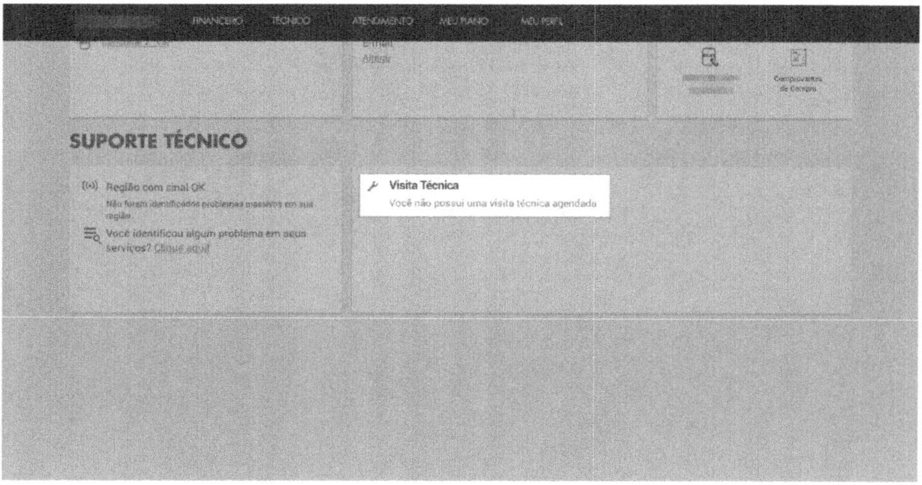

Figura 31: A mensagem exibida na página inicial dizendo que eu não tinha nenhuma visita técnica agendada.

Resultado: Medo, insegurança e frustração.

Fiquei completamente inseguro em relação a mensagem, achando que não seria atendido. Liguei para a Central de Atendimento. Pediram que eu baixasse e instalasse o Aplicativo Mobile, pois nele eu teria maiores informações a respeito da visita agendada. Que era pra ficar tranquilo que estava tudo certo. Pensei: *Ufa! Ainda bem (agora vai!).*

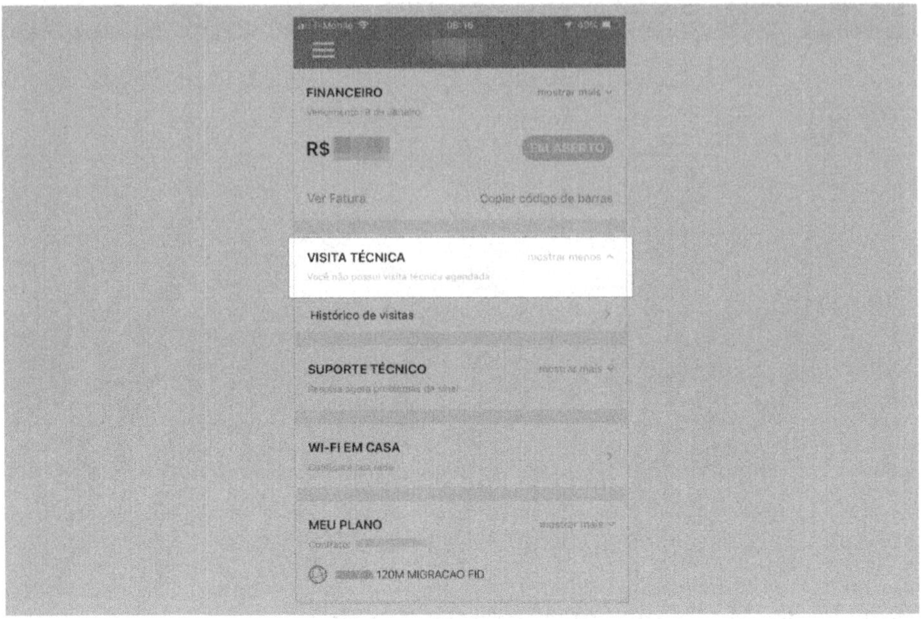

Figura 32: Novamente, nenhuma visita técnica foi agendada pela mensagem exibida no aplicativo.

Através do aplicativo, a mesma mensagem: *Você não possui uma visita técnica agendada*. Achei que realmente não seria atendido e que já tinham dado meu caso como encerrado. Ficaria o final de ano todo sem internet. Acesso de novo só no ano que vem! Liguei para a central novamente. Já estava bastante chateado com a situação, pois gastei um bom tempo solicitando a visita num dia para no outro ela ser dada como encerrada sem ter sido atendido.

Foi então que, ligando novamente, que descobri que existe uma forma de ver se há uma visita agendada e quando irá acontecer. Para isso, eu precisava acessar o menu principal e ir em: Técnico - Visita Técnica.

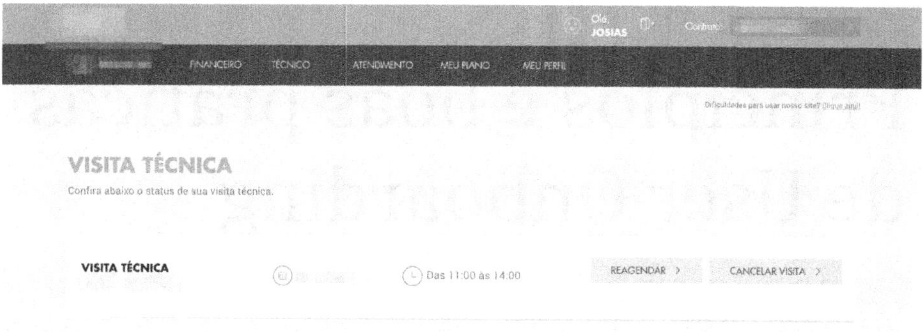

Figura 33: Finalmente consegui ver as informações sobre a visita técnica que estava agendada.

Desta forma aparece um bloco com algumas informações a respeito da visita agendada e quando especialmente ela irá acontecer. Sem contar o fato que não existe um horário marcado, mas uma janela de quase 4 horas. Sim, porque pode ser 1 hora antes ou depois da janela de atendimento.

Conclusões

- O usuário não pode pagar por uma ineficiência do seu produto ou serviço.
- Procure evitar o viés de resolver problemas da empresa através do produto.
- Gerar uma experiência ruim para o usuário pode causar frustração, medo, angústia e outros sentimentos desagradáveis. É muito difícil reverter situações como estas, pois a experiência ruim fica.
- O foco deveria ser na jornada da pessoa que usa o produto, e não o contrário. Fica nítido no produto quando essa experiência não é atendida.

Capítulo 15

Princípios e boas práticas de User Onboarding

Como princípios claros e objetivos podem ajudar as pessoas usuárias

É quase impossível seguir em frente sem ter um onboarding claro, que ajuda o usuário a entender como funciona o produto. Assim crescer de forma sustentável e escalável.

O fato é que após o dia zero, a retenção do seu produto vai cair absurdamente se nada for feito. Um produto que não ajuda o usuário a entender pra que ele serve possui um engajamento baixíssimo.

E isso vale para qualquer produto, seja ele físico ou digital. Experimente usar algo que não foi projetado para facilitar o uso e ser auto-explicativo. Procure lembrar quando você comprou algo novo e leu o manual de instruções antes de usar o produto.

ROI de User Onboarding

Uma outra questão está relacionada justamente ao retorno financeiro. Trabalhar o Onboarding para ajudar o usuário a dar os primeiros passos no seu produto aumenta muito a probabilidade dele comprar o seu produto. Especialmente quando trabalha-se com produtos de entrada facilitada, como modelos freemium ou trial.

Num artigo da Profitwell demonstraram notas de NPS que clientes disseram que receberam um bom onboarding num novo produto tiveram entre 12% e 21% mais disposição para pagar do que a mediana. Os usuários que deram resposta negativa foram de 3% a 9% na disposição de pagar, indicando que o onboarding ruim não necessariamente prejudica muito, mas certamente seu produto pode perder uma boa disposição para pagamento.

Mas é na retenção é onde as coisas ficam realmente interessantes. Ao comparar os primeiros 60 dias de clientes com percepção ruim de integração àqueles com percepções positivas, os clientes com percepção positiva têm uma queda muito menor nos primeiros 21 dias de um cliente.

E concluem: os dados indicam que um bom onboarding é essencial para englobar o valor de um produto com um cliente ou, no mínimo, amenizar as derrapadas que seu cliente vai dar ao começar a usar o produto. Principalmente para ele ou ela começar a ver o valor, com isso acelerando significativamente sua jornada.

Irei discorrer sobre o que são e para que servem princípios e boas práticas, então separei em duas partes:

1ª Parte - Princípios de User Onboarding
2ª Parte - Boas Práticas de User Onboarding

Princípios são estratégicos, ligados aos conceitos. Enquanto as boas práticas estão relacionadas às principais ações no produto. Os princípios vão ajudar você na tomada de decisão. Quando algo não estiver claro se você ou seu time está tomando a melhor decisão pro usuário, volte e reflita sobre o que você está fazendo através da ótica desses 3 princípios.

As boas práticas pretendem ajudar no que deve ser feito. Enfatizei 10 boas práticas que aprendi e fui testando ao longo do tempo. Isso não significa que você tenha que empregar exatamente desta forma, pois isso depende de cada contexto e cada particularidade do produto.

Em linhas gerais acredito que os princípios e essas práticas podem ajudar muitas empresas, designers, gerentes de produto e desenvolvedores a criar produtos melhores.

Princípios de User Onboarding

1. Obsessão pelo Onboarding

A obsessão por facilitar a vida da usuária e ajudá-la nos primeiros passos usando seu produto. Seja obcecado por ajudar a dar seus primeiros passos de forma autônoma, sem alguém ajudando.

Se a pessoa não conseguir entrar no seu software ou dar os primeiros passos no seu produto por si mesmo, dificilmente ele irá se engajar. Conheça a realidade dos seus usuários. Você não quer fazer um design para uma área que você não conhece bem.

2. Onboarding não é uma métrica, é um resultado

Isso significa que não devemos medir o Onboarding, nada disso. Devemos coletar quantos usuários estão entrando, qual a taxa de abandono, onde é o "gargalo" do nosso produto, se houver. Tudo isso obviamente é muito importante.

A questão aqui é a métrica é a consequência de um trabalho. Se você seguir o primeiro princípio (obsessão pelo usuário), provavelmente isso terá um resultado direto no resultado. E como melhorar os resultados? Fale com seu usuário continuamente, não perca esse contato. Ajude seu usuário que os resultados virão.

3. Onboarding deve ser um processo contínuo

Tudo começa e se mantém com a mentalidade que Onboarding é um processo contínuo. Qualquer coisa que você olhar, pode olhar com a ótica do onboarding: "*Eu preciso ajudar essa pessoa a entender para que serve meu produto*".

Isso está ajudando a pessoa? Dentro da jornada em que ela se encontra, esse momento está claro? Em algum momento a gente parar de olhar pra jornada das pessoas, o que era simples torna-se complexo e vai precisar de ajuda humana para ser resolvido. Isso está muito ligado a mentalidade do "day one", todo o dia é como se fosse o seu primeiro dia tentando ajudar a pessoa que utiliza seu produto.

Boas Práticas para User Onboarding

Essas boas práticas poderiam ser aplicadas a qualquer software. Mas vemos com certa frequência em produtos que realmente gostamos de utilizar.

1. Focar no objetivo da pessoa que usa/cliente

Entender o seu usuário/cliente. É o feijão com arroz básico. Entender quem é o seu cliente e quais suas aspirações, desejos e motivações. Entendendo isso fica um pouco mais claro quais os rumos tomar, com base em evidências e comportamentos de usuários reais.

Na prática, comece o mais cedo possível falando diretamente com seus usuários e encontre o jeito mais Lean de descobrir se a sua ideia ajuda de fato a resolver um problema real.

Figura 34: Entenda quais as perspectivas da sua audiência, os problemas através da perspectiva dos usuários.

2. Remova as fricções

Crie experiências fáceis de serem entendidas e utilizadas. Identifique o que não é essencial para executar a ação chave no seu produto. Barreiras iniciais são as responsáveis pela desistência do usuário logo nos primeiros passos.

Reflita se o que está sendo inserido ajuda o usuário a alcançar o objetivo dele ou se serve para resolver um problema do produto. A mudança de paradigma aqui é pautar as decisões em resolver problemas para os usuários, mesmo que a implementação seja complexa.

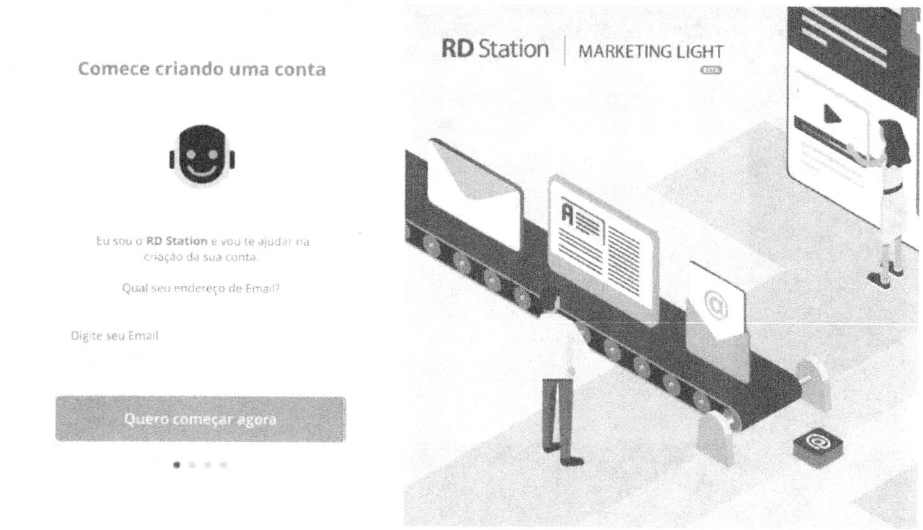

Figura 35: Criar uma conta no RD Station Light é muito rápido, a única coisa que pede pra começar é um E-mail.

Crie experiências fáceis de serem entendidas e utilizadas. Identifique o que não é essencial para executar a ação chave no seu produto. Barreiras iniciais são as responsáveis pela desistência do usuário logo nos primeiros passos.

3. Personalizar o onboarding

O Onboarding único não serve para todos os seus usuários. Mas para isso você vai precisar entrar em contato com os seus usuários e entender seus comportamentos e necessidades, personalizando a jornada de acordo com cada perfil.

Figura 36: Oferecemos um passo a passo personalizado para a pessoa.

Se está personalizado, passa muito mais confiança e ele acredita que aquilo é pra ele. Inclusive existe uma teoria na psicologia que relata justamente isso, quando oferecemos algo para uma pessoa existe uma tendência inconsciente de retribuir esse favor. E você pode usar a ferramenta mais barata nas primeiras versões, principalmente para coletar aprendizados.

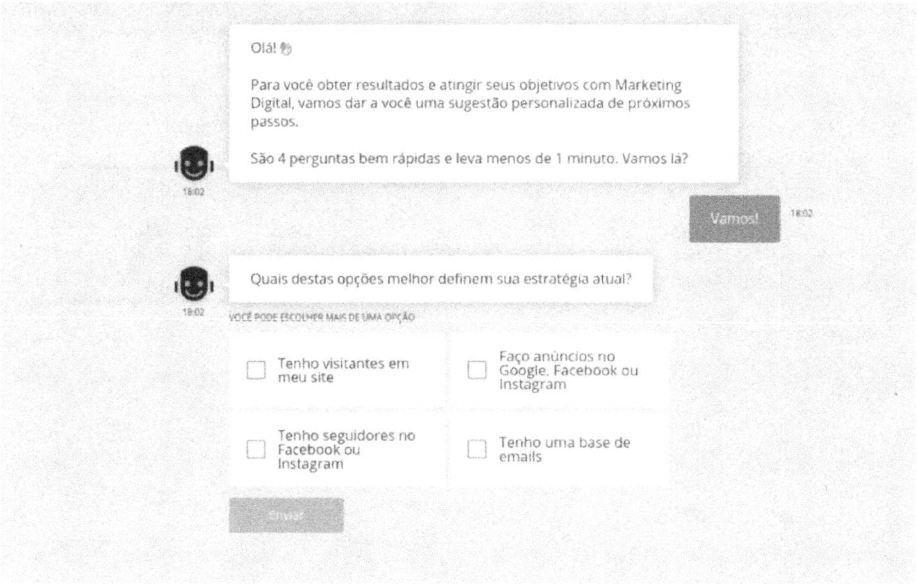

Figura 37: Depois, personalizamos o onboarding de acordo com essas preferências de cada profissional, segmento, mercado, etc.

4. Poucos passos, mas bem claros

Diminua o esforço cognitivo e o nível de habilidade que é exigido pelo usuário logo nos primeiros passos. Defina quais os passos necessários para executar as primeiras ações no seu produto. Deixe claro qual o nível de habilidade é exibido, o que deve ser feito e, o mais importante: porque isso precisa ser feito.

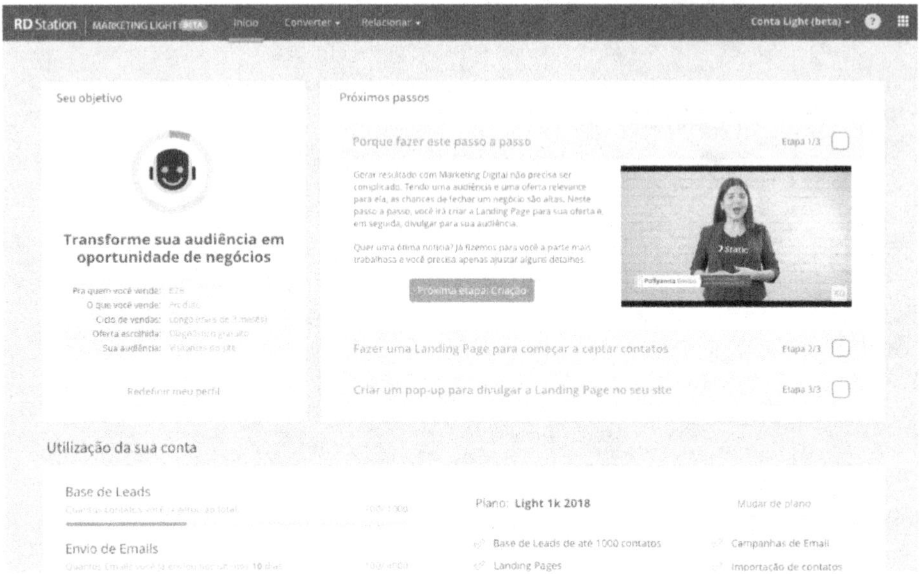

Figura 38: RD Station Light, são poucos passos, mas claros em relação ao objetivo.

5. Antecipe o momento WOW

Pense em qual a primeira coisa que o seu produto pode fazer para o usuário para criar a primeira sensação positiva de espanto ou surpresa.

Trabalhe para entregar esse momento o quanto antes, criando os primeiros momentos de emoções positivas já nos primeiros contatos com o seu produto. Essas pequenas interações e recompensas, por menores que sejam, criam relações afetivas com os usuários.

Figura 39: E-mail de boas-vindas confirmando para pessoa que ela tomou uma boa decisão ao assinar nosso produto.

6. Mostre, não fique falando

Sempre que possível, seja claro em relação ao objetivo do cliente. A lógica é focar no que faz sentido pro usuário em relação ao problema que ele quer resolver, não no que a gente quer que ele faça.

Como resultado você poderá trabalhar com uma menor quantidade de texto, menos texto significa menos complexidade. Comunique e garanta que todos, dentro do momento da sua jornada, tenham a capacidade de raciocínio, habilidade e a justificativa correta para executar a ação desejada.

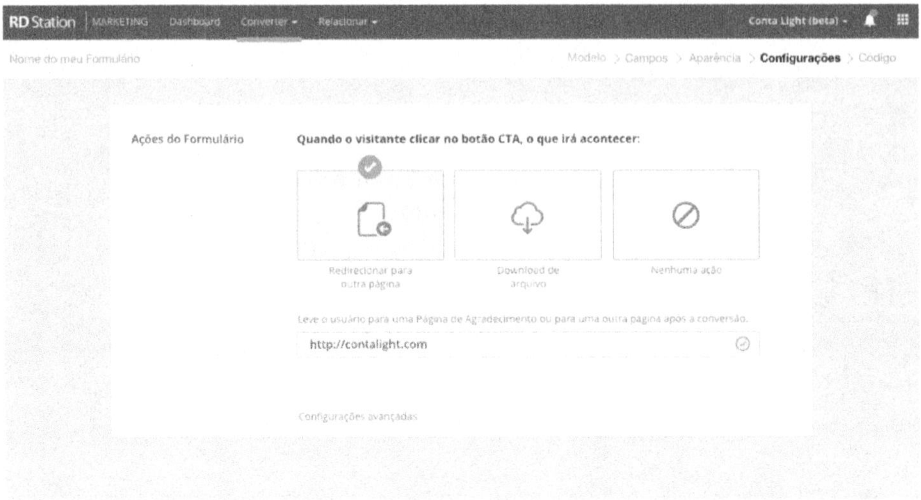

Figura 40: O uso de ícones e indicadores sobre as consequências futuras da tomada de decisão que está ocorrendo naquele momento.

7. Ação faz sentido enquanto educa

Essa abordagem interativa leva os usuários a realizar ações significativas enquanto os instrui sobre como usar o software. Além de fazer sentido no contexto onde o elemento é inserido, é essencial que visualmente ela faça parte da composição da UI.

Veja bem, temos que ter o cuidado para não ficar enchendo a interface com balões e indicações a todo momento, não é nada disso. Ações chave precisam estar integradas com a interface e claras em relação ao objetivo. Identifique potenciais ruídos de comunicação e resolva com a educação da ação dentro do produto.

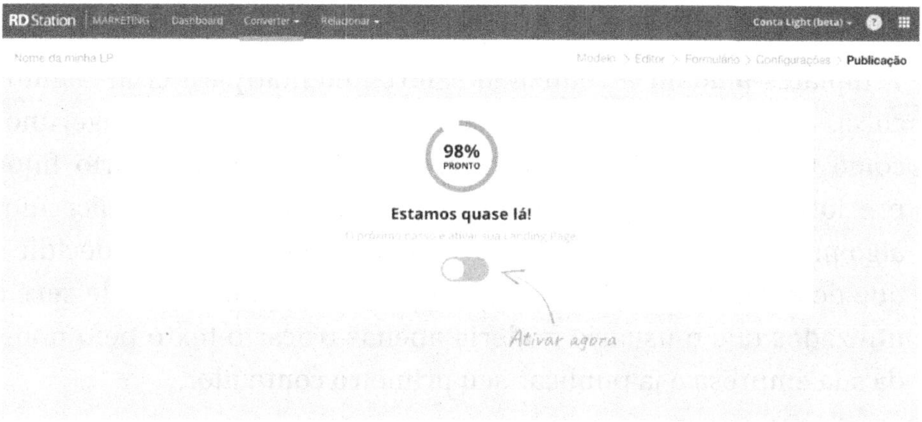

Figura 41: Vamos ensinar como usar o produto, diminuindo fricções e confirmando ações, conduzindo a pessoa na jornada.

8. Dê recompensas

Entender claramente quais as recompensas instigam o usuário a prosseguir. Se o usuário conseguir avançar e não for devidamente recompensado para cada esforço cognitivo que é exigido, a tendência é deixar grande parte deles no meio do caminho. Recompense adequadamente todos os esforços, de acordo com o nível de habilidade que é exigido ao usuário.

Figura 42: A recompensa deve ser proporcional ao esforço da jornada, confirmando decisões que foram tomadas ao longo do caminho.

9. Use templates (modelos prontos) para facilitar

Templates ajudam a reduzir o esforço mental para criar alguma coisa. Fazer a ação chave necessária é mais fácil se sugerimos como pode ser utilizada. Talvez sem templates o usuário fique preciosos minutos pensando em algo, enquanto se oferecermos algo pronto de acordo com a jornada dele, fica mais fácil decidir o que deve ser feito. A ideia era criar templates tão fáceis de serem utilizados que o usuário poderia apenas trocar o texto pelo nome da sua empresa e já publicar seu primeiro conteúdo.

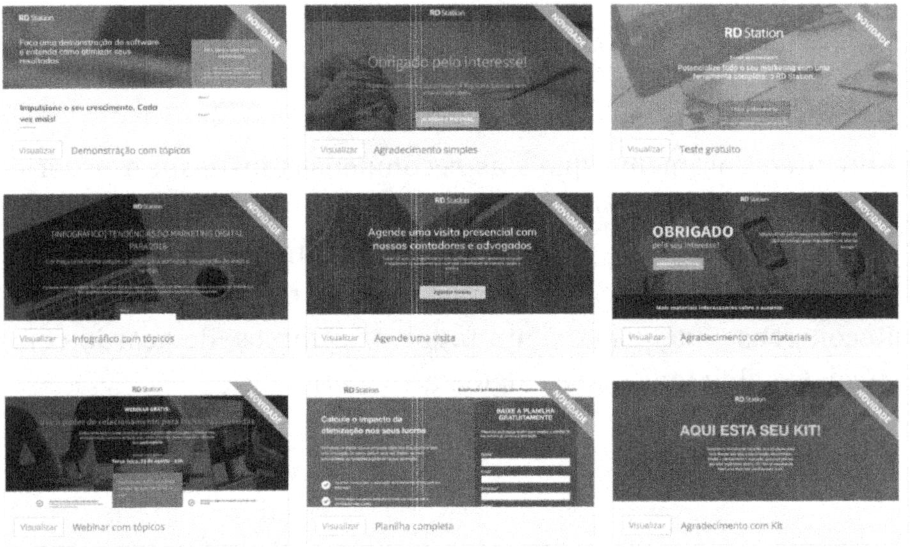

Figura 43: Templates prontos que ajudam a reduzir o esforço para iniciar uma ação, diminuem a colina da decisão.

10. Mostre os próximos passos

Depois da ação concluída, mostre os próximos passos. Esclareça qual ação imediata que a pessoa usuário deve tomar, se possível alinhe essa expectativa. Uma lista de tarefas a serem concluídas cria uma expectativa clara em relação à completude do que já foi feito e qual a próxima interação com o seu produto. Uma lista que mostra qual o próximo passo: expectativa entre habilidade necessária e dedicação (tempo).

Os seres humanos são condicionados a não gostar de deixar as listas que estão inacabadas ou com coisas por fazer. Por isso é uma boa maneira de continuar personalizando a experiência da pessoa usuária, ao mesmo tempo que não elimina completamente o momento na primeira experiência

Onboarding é um processo, uma forma de desenvolver e olhar para o produto. É como a pessoa usuária experimenta um produto e como é guiada através dele. Bons produtos possuem equipes de desenvolvimento e design obcecados pelo Onboarding.

Capítulo 16

Product growth

Como mudar paradigmas em design para liderar o crescimento de produtos digitais

No início de 2018 eu comecei a trabalhar num time de produto na Resultados Digitais no qual iríamos abordar um novo conceito em desenvolvimento. Mais tarde esse time criou o que hoje conhecemos como RD Station Light, uma versão apartada do RD Station Marketing que tinha um dos princípios, o conceito de *self service*, conhecido também como auto-atendimento. Ou seja, as pessoas poderiam começar a entrar no produto, entender para que ele serve e, se fizer sentido, posso pagar para continuar usando sem necessariamente ter que falar com ninguém, seja vendas ou implementação.

Mas novos paradigmas exigiram repensar a forma como o produto é desenvolvido, focando em liderar o crescimento da empresa através do próprio produto. Para me aprofundar e acelerar os estudos sobre o assunto, em maio do mesmo ano fui convidado para participar de um evento que falava justamente sobre a temática de Growth relacionado ao produto. As principais empresas, que desenvolvem os produtos mais inovadores do mundo operam desta forma — Slack, Linkedin, Facebook, AirBnb, Dropbox, Pinterest, Calendly, etc.

Além de impulsionar o crescimento, essa metodologia permite criar estratégias fundamentadas em técnicas e modelos que utilizam psicologia, marketing, design, engenharia e outras disciplinas. Foco total em investir onde realmente trará resultado, ganhos de alta escala e crescimento da empresa de forma sustentável.

Como mudei meus paradigmas em design

Mudar conceitos num produto de alta escala, com vários designers e engenheiros de software subindo alterações e melhorias o tempo todo é uma tarefa complexa. E ainda por cima com o desafio que exige, além de uma mudança de atitude, uma mudança de mentalidade.

Trabalhar em um novo time exigiu uma releitura da forma de pensar design e fez com que eu mudasse a minha forma de construir produto como designer. Principalmente avaliando como reduzir a complexidade e otimizar os esforços que estavam sendo feitos em razão do investimento e retorno.

Tenha princípios claros

Ter bem claros os conceitos que você vai trabalhar e aonde você quer chegar. Visualize qual o seu objetivo e tenha um plano sólido para chegar até lá. O que eu quero dizer é que ter bem claro qual a essência daquilo permite que você amplie o espectro de possibilidades e soluções.

É como se eu tivesse uma grande pista de corrida pela frente e esses conceitos ajudam a balizar até onde eu posso ir (como guard-rails), mas sempre na direção correta. Isso dá de certa forma mais liberdade e mais paz de espírito para se dedicar naquilo que você acredita que realmente é melhor e que trará mais resultado.

Defina quem são suas referências

Isso muda inclusive como você se dedica à estudos e referências. Acredito que é melhor dedicar-se à autores que você considera como referências ímpares e realizar o estudo de forma intensiva. O tempo que você investe para construir focado em apenas poucos autores, mas que sejam muito acima da curva, proporcionam resultados muito melhores. Isso deve estar relacionado à visão de produto e quais suas referências.

Faça coisas super fáceis

A tendência natural do ser humano é tornar tudo mais complexo. Na escala tudo quebra e quando você trabalha num produto de alta escala um dos principais papéis é tomar decisões que diminuem a complexidade e tornam seu produto mais fácil de usar. Esse pensamento precisa estar presente inclusive no seu processo de trabalho, entregando coisas menores, mais bem acabadas, nas quais você inclusive tem mais confiança.

Diminua a quantidade de tempo que você investe

Reduza o tempo que você investe para construir seus protótipos, suas telas e seus estudos. Pense que você tem apenas 1 ou 2 dias apenas. Tome a decisão e escolha aquilo que realmente irá entregar o maior valor ou resolver um problema que está no seu produto há muito tempo mas que nunca sobre de prioridade.

> *"Se eu tivesse oito horas para derrubar uma árvore, passaria seis afiando meu machado."*
> *Abraham Lincoln*

Se você tivesse apenas 1 dia, como você resolveria esse problema, como testaria e entregaria uma versão minimamente coerente mas extremamente bem acabada. Preste atenção nos detalhes e como eles se conectam ao conceito que você acredita.

Pensando nisso, preparei um guia que eu usei e uso até hoje como material de consulta quando preciso construir um novo elemento ou tomar alguma decisão relacionada ao design de produto. Isso esclarece uma série de pontos importantes ou pelo menos ajudará você a saber quais são os aspectos que você deve considerar na hora de colocar em prática esses conceitos.

1. Sign Up super fácil (inscrição no produto)

Tornar o signup do seu produto super fácil. Primeiro passo é revistar a forma com que as pessoas acessam o seu produto. Notem bem, não é tornar o signup fácil ou um pouco mais fácil. O signup deve ser super fácil. Enfatizo bem este ponto porque não raramente encontramos uma série de produtos digitais que são quase uma maratona para começar a usar de fato. Remova todas as barreiras e pense na forma mais fácil que seria o usuário começar a experimentar. Quando chegar neste modelo corte ainda mais e implemente algum conceito que possa facilitar ainda mais a conversão.

Pode ser um chatbot, uma interface conversacional, um fluxo automático, uma gamificação da entrada do seu produto. Explore a criatividade e tenha em mente um objetivo: qual a forma mais simples e fácil do meu usuário começar a usar logo o meu produto.

Remova todas as desculpas e barreiras técnicas. Primeiro você vai fazer algo que não escala e tudo bem. Um problema de cada vez.

2. Menos texto (Mostre, não fale)

Por favor, coloque cada vez menos texto no seu produto. Vou começar esse passo com um tema polêmico, mas o que eu digo é: pare de subir novas linhas de texto no seu produto. Deveria haver uma regra que, para cada nova linha de texto adicionada no produto, uma linha de código deveria ser removida. O fato é que colocar textos no seu produto aumenta a complexidade ao invés de facilitar o seu uso.

Para quem projeta, realmente parece ser mais simples e evita até um "mea culpa" quando coloca-se no parágrafo ou no CTA da ação tudo aquilo que ela representa. Mas na prática o que acontece é que isso aumenta a complexidade do seu produto e torna ele burocrático, chato e sem personalidade.

Sugiro que utilizem como material de consulta o livro Microcopy e diversos posts que a autora Kinneret Yifrah publica no seu perfil.

3: Fácil de entender (e super simples)

Quanto mais fácil de entender mais rápido as pessoas perceberão seu valor e maior será seu retorno financeiro. As pessoas buscam o seu produto porque estão insatisfeitas e precisam resolver algum problema. E o seu produto tem que ser fácil de entender e super simples. Luke Wroblewski falou sobre o assunto num tweet:

> *"O produto tem normalmente 2 estágios: (1) adicionar e (2) remover features, simplesmente porque você adicionou demais". - Luke Wroblewski*

Comece removendo as features que não entregam o valor central do seu produto rapidamente. Quer saber como identificar se o que você está construindo está fácil de entender? Tente explicar o que você está fazendo para uma criança de 5 anos, se ela não conseguir entender provavelmente o que está sendo feito está complexo demais. Remova as barreiras e distrações que foram colocadas ao longo do tempo.

4: Estados vazios da interface

Explore os estágios iniciais da interface com dicas e reforço positivo para as ações principais. Este ponto em especial é extremamente importante e poucas vezes utilizado como alavanca dentro dos produtos. Os estados iniciais da interface ou quando o seu usuário ainda não gerou dados ou não tem informações suficientes. Os estados iniciais (ou empty states) são tão importantes para a adoção que deveriam ser utilizados como parte do onboarding dentro do produto.

Figura 44: Usando o empty state como um espaço para educar o usuário.

Ao invés de mostrar um gráfico vazio, uma lista sem nenhum elemento, uma cesta sem nenhum produto ou um resultado de busca "Não há resultados para esta busca" explore a criatividade e conecte a personalidade do seu produto ao objetivo que o seu usuário está buscando.

As pessoas estão naturalmente inseguras nos primeiros pontos de contato, explorando estas emoções a favor do seu produto. Ofereça não apenas indicativos do que ele vai encontrar ali, mas você pode também encorajar seu visitante ou usuário para começar a iniciar uma ação através de um reforço positivo. Algo como "Vamos lá, você está no caminho certo. Pode começar por aqui".

Se você quer exemplos de diversos estados vazios como referência, confira o site https://emptystat.es/. Lá vai encontrar opções para produtos digitais (desktop, mobile, games) e os mais variados casos de uso.

5: Mostre aos poucos como o produto funciona

Mostre um pouco de cada vez. De forma constante e consistente. O seu produto parece aqueles vendedores afobados que tentam nos primeiros 2 minutos mostrar todos benefícios e incríveis vantagens que ele faz? Ou é mais parecido com aquele vendedor indiferente que fica sentado enquanto o cliente entra na loja?

Seja qual for a situação, existem 2 técnicas de design bem importantes que precisam ser levadas em consideração: divulgação progressiva e engajamento gradual.

Divulgação progressiva

A divulgação progressiva (a.k.a. progressive disclosure) está relacionada à maneira com que você mostra as ações necessárias que devem ser realizadas para que o usuário possa alcançar sucesso dentro do seu produto. Mostre aos poucos o que seu produto oferece, ajudando a manter o foco da atenção do usuário, reduzindo a confusão e a carga de trabalho cognitiva. Isso melhora a usabilidade, apresentando apenas os dados mínimos necessários para a tarefa que precisa ser executada.

Engajamento gradual
O engajamento gradual (a.k.a. gradual engagement) é a forma que você se relaciona com seus usuários a partir do momento em que eles entram no seu produto e como você conduz a pessoa usuária ao longo desse processo.

Com o engajamento gradual, novos usuários não são apresentados apenas com um formulário de assinatura para depois serem abandonados (como acontece em muitos produtos). É importante entender que é necessário manter esse relacionamento ao longo do processo. Em ambos os casos você deve considerar: usuários iniciantes têm demandas diferentes de usuários mais avançados.

Como definitivamente não fazer: Pedir que a pessoa usuária assista um vídeo de 2 horas para entender como usar seu produto.

Como colocar em prática: Faça vários vídeos menores de 1 ou 2 minutos e distribua-os de acordo com o momento e o contexto em que eles serão realmente úteis.

6: Alimente o Design System

Alimente o Design System com novos conceitos. Design System será o seu maior aliado na implementação destes novos conceitos. Ao invés de perceber o Design System como um material que "permite" que você faça ou não coisas novas dentro do seu produto, a ideia aqui é mudar esse ponto de vista.

O que na prática significa que, ao invés do Design System barrar novos conceitos ou impedir que você faça coisas novas, seu papel como designer será alimentar o Design System. Como resultado terá a possibilidade de escalar esses novos conceitos dentro do seu produto de forma sustentável e o mais importante: rentável para a empresa.

Quanto mais focado e determinado em relação a um objetivo você estiver, maiores serão as chances de obter êxito. Seja no desenvolvimento de produtos, um novo empreendimento ou algum objetivo pessoal.

Nunca é cedo demais para começar a propor novas soluções e nunca é tarde para você repensar a forma como você trabalha. Às vezes nos deparamos com situações ou impedimentos que estão há muito tempo no caminho. Outras vezes descobrimos que sabemos muito pouco sobre determinado assunto e precisamos estudar ainda mais.

O melhor caminho nem sempre é o mais confortável de trilhar.

Capítulo 17

O que é Product-Led Growth

Quais são os principais conceitos e porque eles fazem tanto sentido para empresas de produto SaaS

Provavelmente você já ouviu falar, mas se não ouviu ainda muito em breve diversas empresas de produto estarão trabalhando com este conceito.

O playbook de Product-Led Growth da Openview (Venture Capital de Boston — EUA) foi publicado em meados de 2017 (Boston), aborda sobre Product-Led Growth e foi o primeiro material estruturado que li a respeito, porém ele é todo em inglês. Tem ainda o artigo sensacional em português escrito pelo meu colega Gabriel Costa sobre O playbook de crescimento que a maioria das empresas de SaaS não está vendo, tema da palestra no RD Summit de 2018.

Apesar das siglas serem complicadas, é importante não confundir esses conceitos. Product Qualified Lead (PQL) é o resultado da aplicação dos conceitos de Product-Led Growth (PLG) em determinado produto. Essa é premissa básica, entender que PLG está relacionado aos conceitos enquanto PQL é o resultado final.

O que é Product-Led Growth

É a evolução do processo de aquisição de clientes, onde o produto é proeminente e o principal driver de aquisição e retenção. Tudo começa entendendo a evolução do processo de aquisição de clientes.

No modelo Sales Led Growth (SLG), o principal driver de aquisição de clientes concentra-se na figura do vendedor. O resultado do modelo SLG é o conhecido como SQL (Sales Qualified Lead), ou seja, o Lead que foi qualificado pelo time de vendas.

A evolução deste modelo é conhecido como Marketing-Led Growth (MLG), onde todos os esforços de marketing tracionam a aquisição e qualificação de novos Leads. O resultado desse processo é o que chamamos de MQL (Marketing Qualified Lead). Em comparação com o SQL, o MQL é um Lead que possui um custo de aquisição muito menor e o modelo MLG em si é muito mais escalável. O Lead é o principal ativo.

Então chegamos no modelo de Product-Led Growth (PLG). Nesse modelo, todos os esforços concentram-se em permitir que o Lead tenha o primeiro contato com o produto o mais breve possível. Um lead qualificado pelo produto (PQL) é radicalmente diferente dos MQLs e SQLs. Ele usa o comportamento no produto para descobrir exatamente quando um lead está pronto para comprar.

O Lead continua sendo o principal ativo, porém com PQLs os custos de aquisição são muito menores e o modelo em si é muito mais escalável que MQLs e SQLs.

A entrada deve ser facilitada (easy-in) e o produto em si necessita de características de auto-atendimento (self service). Em outras palavras, o produto precisa ser extremamente fácil de usar e com uma UX incrível. Há uma redução radical na camada de serviços, de fato reduzindo funções ensinando o usuário a apertar botões.

Nesse contexto, Customer Success tem um papel muito mais estratégico dentro da empresa e menos operacional, pois não vai suprir as deficiências que seu produto possa vir a ter. O produto precisa resolver problemas de auto-atendimento.

Porque PQL é tão importante no mercado SaaS

Segundo informações da OpenView (2018), a taxa de conversão de um PQL em vendas chega a ser de 5 a 10 vezes maior do que um MQL. Outro ponto interessante é que, no mercado SaaS, 98% dos MQL gerados nunca resultam em vendas. Os PQLs demonstraram a intenção de compra com base no interesse, uso e dados comportamentais no produto.

Os Leads que são qualificados pelo uso dentro do produto fornecem um método mais preciso de rastreamento de jornadas do cliente, desde a inscrição até a venda e upsell. Resumindo, é um modelo muito mais eficiente.

Quais são os tipos de PQL

O comportamento dos usuários é importante, porém é apenas um dos fatores que devem ser levados em consideração. É necessário garantir que sua equipe de vendas invista tempo com os Leads que foram corretamente qualificados pelo produto.

Quais são os tipos de Leads qualificados pelo produto:

1. Usuários gratuitos que atingiram um determinado critério

Seja porque conseguiram identificar algo que realmente é percebido como valor, seja porque já estão usando o produto de forma contínua e atingiram algum critério de ativação.

2. Levantadas de mão dentro do produto
São usuários que solicitaram assistência para comprar o produto ou subir de nível (upgrade). São casos que necessitam de alguma ajuda para ir pro próximo nível e pediram a assistência do time de vendas. Querem tirar dúvidas, esclarecer pontos antes de fechar efetivamente a compra.

3. Usuários que atingiram um limite em seus planos gratuitos
Literalmente, são usuários que bateram no teto do produto. Estão usando bem e encontraram os limites pré-estabelecidos. Esses limites podem ser relacionados ao uso de features ou por algum outro limite estabelecido (Exemplos: número de e-mails enviados, Landing Pages criadas, e-mails importados, etc). O critério depende da ativação e retenção de cada produto.

4. Usuários de autoatendimento que compraram sem envolvimento com vendas
Nesse caso o pagamento para uso do produto aconteceu de forma autônoma, sem o envolvimento de um vendedor. O cliente pagou para usar o produto e teve seu acesso liberado imediatamente, sem intervenção humana.

Porque PLG é tão importante pra quem trabalha com experiência do usuário

O produto precisa ser auto-suficiente em diversos aspectos. Especialmente se você pretende construir uma experiência self-service e que permita o auto-atendimento por parte do usuário. Não é possível mais contar com a equipe de Customer Success para suprir deficiências de UX do seu produto.

O produto precisa ser fácil de usar, o que não significa que vai ser mais fácil para quem projeta desenvolver. Há uma mudança significativa no conceito de MVP (Minimum Viable Product) para uma outra forma de entregar valor, que muitos autores chamam de MLP (Minimum Loveable Product). Nesse sentido, elementos de interface que em outro contexto seriam despriorizados acabam ganhando força e extrema relevância.

O maior desafio, no meu ponto de vista, é justamente como tornar a UX tão incrível que o usuário vai estar disposto a pagar para usar o quanto antes. E isso envolve muito investimento em pesquisa e desenvolvimento em UX. Sendo assim, o papel da pessoa designer nesse processo acaba sendo muito mais de liderar e engajar diversas pessoas, dentro do time que trabalha e fora dele.

O resultado é que estas mudanças de conceitos tornam os times que trabalham com PLG estratégicos para a empresa. Em linhas gerais os times de produto e engenharia deixam de ser centros de custo e passam a ser centros de investimento, pois seus resultados refletem diretamente no faturamento e receita da empresa.

Capítulo 18

Manifesto Product-Led Growth

Princípios para construir produtos focados na experiência do usuário e o que você deve saber para lutar por isso

Durante o ano de 2018 trabalhei num time um pouco diferente. Não era um time melhor ou pior do que qualquer outro time do produto, não é nada disso. Foi, na Resultados Digitais, o primeiro time a ser chamado de Product-Led Growth e mais tarde deu origem ao produto conhecido hoje como RD Station Light.

Acredito que o time era e continua sendo um pouco "diferente" porque funcionava quase como uma startup dentro da startup. Inclusive usamos o antigo nome dado ao produto nos primórdios da RD no canal do Slack: Sistemarketing.

Além disso, há uma clareza muito grande do seu real propósito: liderar o crescimento da empresa através do produto. Existe um senso de progressão muito claro e um grande sentimento de produtividade entre os membros do time.

Esta clareza fez com que desenvolvêssemos princípios que hoje orientam a tomada de decisão. Talvez alguns não sejam princípios novos, outros foram totalmente adaptados para nossa realidade. Tudo começa com o playbook de Product-Led Growth, onde o produto lidera o crescimento exponencial, escalável e de forma sustentável.

Na prática o que acreditamos é na melhor experiência para o usuário: faça o que é melhor para seu usuário que o crescimento será uma consequência. Esse manifesto é válido para qualquer time que deseja realizar entregas focadas no usuário e criar uma cultura de transparência entre os membros, seja PLG ou não.

1. O cliente não pode pagar por uma ineficiência do produto

Não toleramos erros e ineficiências que penalizam o nosso cliente. O produto deve ser self-service e atender o cliente em todos os requisitos, sempre gerando a melhor experiência possível. Ninguém aqui vai facilitar a vida dos designers, desenvolvedores, gerentes de produto, nem ninguém. Deve ser fácil pro cliente usar, mesmo que seja mais difícil para implementar.

2. Obsessão pelo usuário

Nós valorizamos muito a experiência do usuário e fazemos melhorias no nosso produto com base em feedback de usuários reais. Para nós cada usuário é único e merece toda a atenção e o devido respeito. Nenhuma dor pode ser ignorada. Todos no time se envolvem em feedback de usuários e todos no time participam do maior número de entrevistas e testes com usuários. Esses feedbacks não viram backlog: eles se transformam em melhorias rápidas no produto através de um processo de evolução contínuo.

3. O protocolo não pode ser maior que a utilidade

Não podemos entrar em modo piloto automático. As cerimônias devem ser adequadas a sua utilidade, servir ao real propósito aos quais elas foram concebidas. Se algo não está ajudando ou não está tornando nosso trabalho mais eficiente, postergamos a atividade. Aplica-se em todas as cerimônias, que devem ser questionadas sobre sua real utilidade. Existe uma cadência, um sentimento de progressão muito grande, mas também há a flexibilidade necessária para remanejar ou ajustar uma cerimônia de acordo com os contextos e entregas.

4. Ultra lean

Ter uma forma de pensar extremamente enxuta e realmente voltada para resultados. Priorizamos e fazemos o uso inteligente do nosso tempo. Isso significa que nenhuma entrega poderá ser sacrificada com a desculpa de que não houve um planejamento adequado. Devemos analisar quanto tempo temos disponível e o que será possível entregar até a data com a qual nos comprometemos com a entrega do time. A gente tem que expor rápido para os clientes e pegar feedback. Mas não necessariamente o que estamos fazendo deve ser lançado rápido pro mercado, sacrificando a experiência.

5. Extreme ownership

Cada indivíduo no time sabe que é uma peça fundamental para a entrega do todo e todos são responsáveis pelas entregas nas quais estão comprometidos. Não toleramos desculpinha. Não toleramos a terceirização do problema. Não aceitamos que "não deu pra fazer" como resposta. É o poder de tomada de decisão. Todos são responsáveis e todos estão trabalhando em prol de um único objetivo. A maturidade faz parte do processo e é necessária para que todos estejam comprometidos com o time.

6. Transparência radical

Para que todos estejam comprometidos é preciso ter transparência radical. Nós dizemos abertamente o que precisa ser dito e não fica dando voltas. Não precisamos de feedback 360º, nem team building, nem amigo secreto, porque essas coisas acontecem naturalmente na nossa rotina. As pessoas precisam dizer o que precisa ser dito, no momento adequado e com o devido contexto.

Ninguém deveria se sentir ofendido por um questionamento ou por algum feedback. O que precisa ser dito, será dito, inclusive usaremos o termo adequado quando necessário. Da mesma forma, defenderemos com todas as nossas forças qualquer membro do time que precisar de ajuda.

Capítulo 19

Mudando de uma empresa Sales-Led para Product-Led

As primeiras milhas: quais as decisões mais difíceis no meio do caminho, mudanças de comportamento e os primeiros resultados

Este capítulo é um resumo dos meus primeiros 6 meses como líder de produto e design na Octadesk, uma empresa SaaS B2B focada no segmento de helpdesk. Muitas empresas gostariam de mudar para o conceito de Product-Led, mas têm dúvidas sobre quais são os primeiros passos e quais são os principais desafios que enfrentarão. Especialmente quando estamos falando de mercado B2B para softwares SaaS.

Em linhas gerais eu começo analisando o cenário atual da empresa e o nosso entendimento do que significa PLG, tanto no conceito quanto na prática. Depois vou mostrar um pouco do cenário atual da empresa e situações que nos deparamos. E por último, mas não menos importante, como que, com pouco mais de 3 meses de trabalho, conseguimos aumentar em 22 pontos nosso NPS, um dos nossos principais indicadores de resultado da empresa.

1. O entendimento do que é PLG para o produto

É importante compreender que PLG é a evolução do processo de aquisição de clientes, onde o produto é proeminente e o principal driver de aquisição e retenção. Nesse modelo, todos os esforços concentram-se em permitir que o nosso Lead tenha o primeiro contato com o produto o mais breve possível.

Um lead qualificado pelo produto (PQL) é radicalmente diferente dos marketing qualified leads (MQL) e sales qualified leads (SQL). PQL usa o comportamento no produto para descobrir exatamente quando um lead está pronto para comprar. O Lead continua sendo o principal ativo. Porém, com PQLs, os custos de aquisição são muito menores e o modelo em si é muito mais escalável que MQLs e SQLs . Os PQLs demonstraram a intenção de compra com base no interesse, uso e dados comportamentais no produto.

Os Leads que são qualificados pelo uso dentro do produto fornecem um método mais preciso de rastreamento de jornadas do cliente, desde a inscrição até a primeira venda e upsell. Resumindo, é um modelo muito mais eficiente.

2. Como mudar a empresa: começando pela cultura

O grande ponto de dúvida inicial é, como de fato implementar uma metodologia de PLG se não temos isso bem claro como vai funcionar na prática para as pessoas do time. Não adianta muito colocar PLG como um salvador da pátria.

Se as pessoas não entenderem que ele é um novo método, uma nova forma de olhar e atuar sobre o produto, nós tínhamos plena consciência que não ia funcionar. E mudar a cultura não é uma tarefa fácil, exige esforço constante e contínuo. Principalmente no início desta transição. Isso vai demandar muito apoio entre os líderes da empresa em relação ao que de fato precisa ser feito e alinhar constantemente a comunicação na empresa.

3. Quais os principais desafios

Apesar da empresa estar crescendo em torno de 15% ao mês em vendas, faltava um método. O principal indicador é que o churn estava alto, em torno de 7%. Queríamos reduzir e chegar a 2%.

Com o crescimento os problemas de escalabilidade já começavam a aparecer de forma mais evidente no produto. O sistema estava passando por um período de instabilidade constante e contínua. Outro grande desafio que enfrentamos inicialmente é que as pessoas também sentiam que estavam trabalhando sem foco, com muitas tarefas acontecendo ao mesmo tempo e quase tudo com o status de "urgente". As pessoas dos times (marketing, vendas, suporte, produto) sentiam-se pouco produtivas mas ao mesmo tempo com uma carga de trabalho enorme.

Olhando um pouco pro serviço e para o time de Customer Success, estes tinham o sentimento que não eram ouvidos no time de produto. Muitas das solicitações que eram feitas acabam indo para um backlog que não eram de fato implementadas. Havia um registro mas ninguém ficava olhando para puxar a resolução, pois faltava uma priorização e execução das demandas.

E o grande e principal desafio: o NPS (Net Promoter Score), nosso principal indicador de saúde de produto, estava em queda livre. E parecia que não teríamos como reverter. E de fato, se continuássemos naquele ritmo, a tendência era piorar a situação. O grande ponto é que NPS é apenas um indicador, se não identificarmos os problemas que ocasionam esse resultado e resolver, não teríamos os resultados desejados.

4. As mudanças

Situações extremas requerem medidas extremas. É papel dos líderes agir, priorizar, comunicar adequadamente e executar. Sendo assim, colocamos em prática algumas mudanças na estrutura da empresa.

Definimos o produto como o principal protagonista da empresa. A primeira ação foi estabelecer um método minimamente viável para tornar a equipe do produto mais organizada. Cobramos algumas datas de entrega e usamos uma metodologia básica para organizar as informações. Compartilhamos um Kanban entre as equipes, distribuindo responsabilidades e definindo a área de ação de cada squad. Também trabalhamos intensamente a comunicação entre as equipes. Comunicamos a toda a empresa a estratégia que adotamos, quais métricas principais seguiríamos e como a equipe de produtos orientaria o crescimento da empresa a partir de agora.

Por outro lado, precisamos aprender com todos os erros que cometemos. Porque precisamos entender em que momento alguns pacotes não são entregues bem. Revisitando em que etapa da máquina não está funcionando. Entenda, converse com seus clientes, aprenda com o problema e conserte a máquina de entrega. Isso é muito importante para expandir.

De fato, a metodologia em si não é a coisa mais importante. O que é realmente importante é se concentrar em colocar a energia necessária no que realmente importa no produto e na entrega que mais valoriza para os clientes.A metodologia em si não é a mais importante, mas é importante focar na equipe que coloca a energia necessária no que realmente importa no produto.

Tanto em produto, quanto nos serviços e vendas começamos mapeando a jornada do usuário. Qual a jornada que o nosso usuário iria percorrer, como iríamos abordar cada uma delas. Do lado do time de produto, reestruturamos o time de produto em cima dessa jornada. Isso tudo com a visão de que o produto deveria prover auto-suficiência para os nossos usuários no médio e no longo prazo. O cliente precisa perceber valor de forma self-service.

Hoje sabemos que priorizamos corretamente e focamos as equipes, com a mentalidade certa, focada nas dores dos usuários. Assim, posicionando o produto como um dos principais impulsionadores da satisfação do cliente, os resultados de crescimento tendem a ser críticos para engajar a equipe e proporcionar uma experiência incrível para nossos usuários.

5. Resultados

Já nas primeiras semanas deste novo modelo, um dos times de produto ficou responsável por evoluir e melhorar o produto que já oferecemos aos nossos clientes. Fizeram uma importante melhoria numa das principais e mais utilizadas features do produto.

Traçamos um plano de comunicação para os nossos usuários relativo ao lançamento dessas melhorias, envolvendo as principais áreas da empresa. O lançamento foi suave e a maioria dos usuários conseguiram extrair valor das melhorias feitas, totalmente baseadas em dores reais de casos de uso. Conseguimos com isso reduzir em 97% chamadas no suporte relativas à dúvidas em relação ao lançamento.

E com a missão de construir a visão de Futuro, criamos uma célula com foco total em pesquisa e desenvolvimento de produtos. Esse time hoje é focado totalmente em entender as personas e criar uma rotina contínua de conversas com usuários. Trabalham hoje um ciclo de levantamento de hipóteses, experimentação, conversas com usuários e melhorias contínuas.

No Time de CS houve a necessidade de mudanças também, para que a equipe tenha processos escaláveis, formas de trabalho previsíveis e principalmente metodologia para extrair a real dor do cliente no momento de cancelamento ou engajamento.

Fizemos também uma importante mudança no time de vendas, extinguindo o time de SDR (Sales Developer Rep). Movemos algumas pessoas que antes eram SDRs agora para o time de Vendas e Customer Success. No lugar da função de SDR, implementamos um bot de atendimento. A experiência foi um sucesso e o bot começou entregar Leads qualificados em torno de 40% melhor qualificados para os nossos vendedores. Ou seja, na prática o bot desempenhou melhor do que um ser humano, apesar dos nossos SDRs serem muito bons.

Com a soma de várias mudanças, nosso NPS começou a apontar para cima. Quando entramos no nosso terceiro mês de mudança de estrutura de equipe de produto, nosso NPS subiu mais de 25 pontos. Pela primeira vez desde que começamos a mudar métodos e processo, nosso principal indicador começou a mover o ponteiro em outra direção.

6. Principais aprendizados

O produto é um elemento orgânico
A forma como as pessoas interagem, se comportam e se relacionam umas com as outras afeta diretamente o produto entregue ao cliente. Não existe mágica nem atalho, o produto reflete a estrutura organizacional da empresa. Se você quer mudar

isso, comece mudando os comportamentos que não contribuem para um produto melhor.

Encare as decisões difíceis

Resolva os problemas que ficam mascarados. As pessoas precisam criar a consciência que a curva de crescimento da empresa vai exigir um certo estado de desconforto constante em razão das decisões difíceis que serão tomadas ao longo do caminho. São problemas que o produto apresenta, assim como problemas entre as equipes, todos precisam ser resolvidos. Incentive conversas brutalmente honestas e difíceis, direcionando-as para resolver conflitos e esclarecer dúvidas.

Identifique e construa alianças

Identifique como as pessoas se comportam quando há um problema complexo pela frente e atue diretamente, se necessário. Tente identificar quem já "comprou" com a nova ideia e traga-os para o seu lado. Isto irá ajudar a percorrer o caminho da mudança de comportamento, atitude e postura diante dos desafios.

Solucione os problemas complexos

Não podemos resolver problemas apenas para clientes que possuem MRRs mais altos ou para alguns clientes que gritam mais alto no suporte. O ponto importante é abordar a resolução de problemas complexos. Concentre-se em como resolver problemas para os próximos 10.000 clientes e contribua para a escala do produto.

Fácil de entrar, fácil de sair

A entrada deve ser facilitada (easy-in) e o produto em si necessita de características de auto-atendimento (self service). Em outras palavras, o produto precisa ser extremamente fácil de usar e com uma UX incrível. Há uma redução radical na camada de serviços, de fato reduzindo funções em Customer Success que apenas ensinam o usuário a apertar botões. O time de Customer Success trabalha agora de forma mais estratégica enquanto produto precisa tornar a experiência mais fácil para o usuário.

Comemore as pequenas vitórias do dia-a-dia
Tente identificar quais ganhos diários suas equipes fornecerão ao produto. Isso varia de uma nova recompensa que seu produto oferece ao usuário para uma nova maneira de suporte. Cada vitória é responsável por energizar a equipe. Não espere uma grande conquista, pelo menos não no curto prazo.

Não chame o time de PLG de time de PLG
Existem algumas razões para isso. Segundo Brian Balfour (um experiente líder de crescimento de produtos do Vale do Silício), uma das principais razões está ligada ao relacionamento. Se os números estiverem caindo, é este time que as outras pessoas irão culpar - eu não tenho nada a ver com Growth. Por outro lado, se os números sobem e existem outros componentes que ajudaram, apenas o time de Growth leva os créditos. Ao invés disso, nomeie em torno do objetivo, da missão do time. No nosso caso, chamamos o time de Growth de time de Onboarding.

É importante entender que o Crescimento Orientado pelo Produto (Product-Led Growth) não é simplesmente disponibilizar uma versão gratuita ou de teste do seu produto para seus clientes.

Estas são apenas uma das estratégias de aquisição. O crescimento impulsionado pelo produto exige uma maneira totalmente nova de pensar sobre a jornada do cliente na empresa, transformando o produto numa incrível plataforma de comunicação. Resolvendo assim dores claras e deixando seus clientes apaixonados pelo produto.

Com as mudanças que foram feitas, os primeiros resultados consistentes começaram a aparecer. Sabemos que ainda há um longo caminho a percorrer antes que o produto realmente comece a gerar os primeiros PQLs (Product Qualified Leads). A geração de uma oferta gratuita ainda continua nos planos, mas entendemos que o primeiro passo é melhorar a versão de avaliação que já oferecemos hoje.

Capítulo 20

Os 9 principais aprendizados na UX Conf

Um apanhado da maior conferência de UX do Brasil - UX Conf 2017

Um dos eventos mais bacanas, não apenas relacionado ao setor de comunicação e design, mas na forma como concebem e organizam o evento como um todo. Deram o exemplo recepcionando diversas pessoas de todo o Brasil e do mundo de forma acolhedora e super calorosa. A organização da UX Conf BR soube como trabalhar com diversas culturas e fazer com que todas as pessoas se sentissem super à vontade.

Uma verdadeira aula de UX na prática sobre como transformar uma experiência em algo que é capaz de nutrir nossas mentes e nossa alma. Me senti parte de uma comunidade que tem por missão abraçar o mundo. Muito ambicioso? Não sei, mas faz bastante sentido se gostamos de pessoas.

Foram muitos aprendizados, mas estes realmente foram os que mais marcaram durante o evento e serviram de inspiração para escrever esse post. Agora, sem mais delongas, vamos aos 9 principais aprendizados da UX Conf BR 2017.

1. Sobre processos colaborativos

Diversos workshops rolaram no primeiro dia de evento. Uma infinidade de metodologias e processos que permitem expandir os horizontes da criação e do trabalho participativo. Trazer o usuário para o centro das decisões e desmistificar a figura do designer genial que tem soluções para todos os problemas.

Trabalhar aspectos relacionados à liderança a partir do exemplo, abandonar o apego à criação e permitir que mais pessoas contribuam para os aprendizados dentro dos processos de design.

2. A importância das emoções em UX

Como usar o nosso conhecimento para o bem, ajudando outras pessoas. Perceber que existem tantas formas de usar o que sabemos em termos técnicos para ajudar os outros, mas que nem sempre isso é um processo fácil.

É possível integrar a psicologia e conhecimento sobre comportamento humano para tornar interfaces frias em experiências agradáveis, que transmitam um pouco de calor humano e sentimentos. Tratar pessoas como pessoas e não apenas números ou dados.

3. Sobre diversidade de gênero

Entender que nem todos se enquadram naquilo que a sociedade tenta impor. Precisamos pensar novas formas de encarar o mundo para acolher as diversas escolhas sem julgamento. Quebrar o que conhecemos como status quo e abraçar mais pessoas em nossos projetos.

O que para muitos pode ser uma palavra ou uma segmentação de lista, para outros pode ser motivo de constrangimento e segregação. Abandonar velhos hábitos e costumes que não contribuem para experiências colaborativas e acolhedoras.

4. Como incluir mais pessoas além da nossa visão

Perceber que nem tudo que a gente faz, como designers, está adequado para todo mundo. Ter consciência que existem muitas maneiras de tornar a experiência para outras pessoas algo mais agradável.

Precisamos expandir nossa visão, nossa mente e todo o conjunto de percepções sensoriais que fazem parte da interação humana com o mundo. O design é um campo de estudos que permite facilitar esse processo. Nós, como designers, temos uma grande responsabilidade diante do mercado. É o momento de avaliar se o que estamos fazendo é projetado para todos aqueles que precisam ser incluídos.

5. Interfaces conversacionais

Projetar interfaces além da interface. Entender que uma conversa pode ser através da interface e que falar com um robô pode ser divertido. Compreender qual é o propósito de um chatbot, quais seus limites e como podemos integrar machine learning, projetando o futuro a partir de um produto mínimo viável.

Entender que projetamos conversas para seres humanos, não para máquinas. E mais do que isso, poder ajudar marcas e empresas a se relacionar melhor com seus clientes, gerando experiências agradáveis e prazerosas. Seja através de um chat, de uma interface desktop ou um aplicativo.

6. Café como um dos diferenciais

O café da UX Conf BR 2017 estava maravilhoso. Servido pela Baden Cafés, além de ser uma delícia e feito na hora com toda dedicação por baristas extremamente competentes, foi oferecido gratuitamente pela organização do evento. Sim, free express coffee for all. Mas o que isso tem a ver com UX? Experiência.

Café é uma espécie de carinho com energético em forma líquida. Oferecer isso para pessoas que são apaixonadas por café e que amam a bebida torna todo o ambiente mais agradável. Sabe aquela vontade de ter um barista sempre à disposição na empresa em que você trabalha? Quem foi na UX Conf BR sabe o que é isso.

7. Conviver com todas é importante

Muitas vezes no nosso dia-a-dia acabamos ficando muito focados nos nossos projetos e desafios que por vezes ficamos um certo tempo sem conviver com outros Designers do time. Não apenas isto, mas o fato de toda a equipe de Designers estar presente no evento junto com alguns Product Managers da Resultados Digitais fez com que a gente pudesse conviver intensamente e fora do ambiente do escritório.

8. UX Conf BR além da UX Conf BR

O evento é muito mais do que palestras e workshops, bebedinhas e comidas bacanas. A UX Conf BR permite a oportunidade de conversar durante os intervalos com pessoas de outras empresas, culturas, países e realidades completamente distintas.

Entender como enfrentam as dificuldades no dia-a-dia, quais os pontos em comum e quais as divergências. É excelente para levar uma sacudida profissional sobre qual o nosso papel na sociedade e o que estamos fazendo para contribuir com a comunidade. E mais do que isso, valorizar cada vez mais o nosso trabalho e a empresa na qual trabalhamos.

9. O futuro da profissão UX

Muito se fala em automação das profissões e nessa seara podemos incluir também o trabalho de design visual, design de interação, UX design e por aí vai. Uma coisa é certa, todo o trabalho que pode ser feito por repetição será substituído por robôs. Cabe a nós, como profissionais, entendermos nosso papel no mundo e contribuir para o desenvolvimento de qualidades e atributos que não possam ser replicados de forma sistematizada.

Certamente existem muitas competências que exigem este conhecimento e há um futuro brilhante pela frente para quem quiser participar deste processo.

Principais lições que aprendi como designer de produto no PLG Summit 2018 em San Francisco

Reflexões, histórias e conselhos sobre um dos eventos mais importantes de Product Growth do Vale do Silício

Tive o privilégio de participar na cidade de San Francisco, Califórnia, do evento mais importante sobre Growth orientado especificamente para produtos.

O mais interessante desta história é que era um evento totalmente fechado. Apenas pessoas que tinham convite ou eram convidadas poderiam participar. E sendo eu um brasileiro que morava no Brasil, achei que não teria a menor chance de ir quando descobri que o evento existia.

Mas a minha cara de pau foi tamanha que enviei uma mensagem para o diretor de marketing da Openview (empresa organizadora), expliquei todo o contexto em que eu estava: numa iniciativa focada em produto, trabalhava numa empresa SaaS B2B (Resultados Digitais) e que seria de extrema valia participar de um evento da projeção e do gabarito dos palestrantes que eles estavam organizando.

Para minha sorte recebi uma mensagem positiva de Kyle Poyar e um convite para participar do evento. Foi uma sensação incrível e tratei de preparar as malas para participar do evento. A segunda edição do Product-Led Growth Summit, evento promovido pela Openview, aconteceu no dia 09 de maio de 2018 no charmoso Contemporary Jewish Museum of Art — uma das atrações turísticas mais populares de San Francisco.

O evento reuniu os maiores especialistas do Vale do Silício sobre o assunto. Participaram profissionais que lideram e/ou já lideraram o crescimento de empresas como Slack, Hubspot, Calendly, Deputy, Mixmax, Linkedin, Pinterest, Malwarebytes, Reforge e Logickull.

Foi possível obter insights sobre como empresas extremamente relevantes implementaram técnicas de growth com sucesso, colocando seu produto no centro de seu mecanismo de crescimento. Esses insights representam alavancas para aplicar na prática o que outras empresas de sucesso já utilizam, ganhando assim tempo, economizando recursos e atalhando caminhos para o nosso próprio resultado.

Além disso, foi uma excelente oportunidade para conectar-se com outros líderes de produto e trocar informações sobre as melhores práticas em relação à gestão de produto e técnicas de growth na prática. Não apenas durante o evento, mas criando relacionamentos e conexões que provavelmente serão levadas para o dia-a-dia nas empresas. Criar esse sentimento de colaboração e comunidade, compartilhando conhecimento.

Fundamentos de Product-Led Growth

O evento iniciou com a palestra de Ashley Monigue (Diretora de Growth) e Kyle Poyar (Diretor de Estratégia) da Openview.

Abordaram os fundamentos relacionados à estratégia de marketing e práticas de growth para modelos de crescimento através do produto.

Segundo Ashley e Kyle, o modelo product-Led growth é a evolução do modelo de SaaS que conhecemos hoje. Como os diretores da Openview chamaram, é o modelo de SaaS 2.0.

É importante destacar que o entendimento do conceito "Product-Led Growth" vai muito além de uma buzzword ou de uma nova terminologia. Se aplicados em seu produto, as possibilidades de crescimento exponencial, escalável e de forma sustentável, aumentam significativamente.

Produto, Marketing, Preço e Vendas

São as instâncias quando o uso do produto atua como o principal driver de aquisição, expansão e retenção de usuários. São os princípios de marketing orientados agora através da ótica de Product-Led Growth, direcionando o crescimento da empresa orientado pelo produto. É essencial que sua corporação descubra qual é o diferencial que a empresa vende e torne-se determinado em alcançá-la. Também é importante que tenha princípios claros em seu produto. A definição dos princípios de produto serão fundamentais para orientar o seu crescimento.

Produto

Comece com um problema real dos seus clientes.
Entregue valor imediatamente.
Remova o que não é crítico pro seu negócio.
Construa o "bastão" do seu produto.

Marketing

Tenha princípios de marketing.

Entenda que seu produto é um canal de marketing.
Ativar a viralidade: internamente e externamente.
Segmente os usuários, não apenas os compradores.

Preço
Remova quaisquer barreiras do uso inicial.
Aplicar paywalls somente após entregar o valor.
Expanda os clientes com caminhos de expansão escaláveis.
Use dados do produto para fazer upsell de usuários.

Vendas
Sucesso de clientes (de verdade).
O sucesso do cliente é uma "northstar" para a equipe de vendas.
Seja um evangelista do seu produto.
Permita ao cliente o auto-atendimento.
Crie oportunidades para upsell. Especialmente dentro do produto.

Como aprimorar a retenção de clientes: Pinterest

Dannie Chu (Pinterest) apresentou as "Ferramentas práticas e dicas para aprimorar sua retenção de clientes". Dannie era anteriormente Engenheiro de Ativação no Pinterest e trabalhou também no Foodora.

Segundo Chu, a retenção dos usuários é importante porque está diretamente relacionada ao custo de aquisição de clientes para a empresa — CAC.

Além disso, aumenta o LTV — Life Time Value, ou seja, o tempo de vida do cliente dentro do seu produto. Outro fator importante que ele considerou é o boca-a-boca que os usuários fazem do seu produto, o que considera uma ferramenta extremamente relevante para a promoção. Não menospreze isso.

Dannie disse que vamos encontrar vários desafios complexos no produto. Inicialmente definindo por onde você começa. Depois estabelecendo no que você se concentra e por fim como você itera rapidamente. Para compreender a sua retenção de usuários comece definindo sua "North Star Metric" para retenção.

Aprenda com seus usuários retidos. Converse com seus usuários. Incorpore a pesquisa do usuário em seus ciclos de desenvolvimento de produto. Entenda o valor central do seu produto.

Como conversar com seus usuários?

Conversas através de entrevistas feitas pessoalmente ou por telefone. Pesquisas que podem ser realizadas no seu próprio produto ou por email. Além de sessões gravadas em vídeo (testes com usuários).

Analise os usuários que permanecem na sua plataforma. Identifique as ações centrais que são realizadas. Descubra os seus "Aha Moments", ou seja, coisas que só o seu produto faz e que causam encantamento aos seus usuários. E foque nisso.

Construa ferramentas para habilitar a interação rápida. Invista no desenvolvimento de uma métrica de indicador principal para retenção de usuários.

Identificar os principais indicadores — "Leading Indicators"

As empresas precisam analisar as jornadas dos usuários para identificar as ações críticas que os usuários retidos tomaram e quais são os principais indicadores de retenção.

São ações que têm:

1. Alta precisão em sua capacidade de previsão.
2. Alta cobertura entre usuários.
3. Alta recordação.

Para o Pinterest, isso significa que quando um usuário salva pelo menos um "pin", em vez de, por exemplo, fazer o primeiro clique ou pesquisar.

> *Nossos usuários estão salvando e "pinando" fotos — North Star metric do Pinterest. - Dannie Chu*

As 3 dicas para melhorar a retenção de novos usuários

1. Capture e entregue a intenção do usuário. Identifique o que a pessoa usuária quer e não o que você quer que ele faça.

2. Simplifique. Novos usuários são instáveis, fugazes. Você só tem alguns momentos para transmitir porque o seu produto — e não o concorrente. Identificar uma proposição de valor central. Conseguir usuários para experimentar.

3. Crie hábitos. Faça com que seus usuários invistam no seu produto de maneiras pequenas, desde cedo. Crie o hábito.

> *"Se o usuário tiver uma experiência ruim com seu produto é muito difícil modificar essa impressão depois". Dannie Chu (Pinterest)*

Viralidade em SaaS, o que funciona e o que não funciona: caso do Mixmax

A única maneira de obter $ 0 CAC (Custo de Aquisição de Clientes) é criar um produto viral. Depois de fornecer uma experiência de produto incrível que atrai os usuários imediatamente, você pode transformar verdadeiramente seu produto em um canal de marketing.

Como obter um produto $ 0 CAC

Olof Mathe, co-fundador e CEO da Mixmax, uma solução de produtividade de e-mail, compartilhou suas lições aprendidas sobre o crescimento para mais de 5.000 clientes com custos de aquisição de clientes (CAC) de $ 0.

Para Olof, existem 5 tipos de viralidade:

1. **Viralidade de rede:** útil apenas se houver muitas pessoas usando o produto. Não cabe em todos os tipos de produtos. Você pode ter "viralidade fora da empresa" = Linkedin ou "in company virality" = Slack;
2. **Viralidade pelo valor:** quando seu cliente usa seu produto, ele gera valor para usuários que não estão usando seu produto. Ótimo exemplo: DocuSign. Os usuários recebem documentos on-line, móveis, mesmo que não estejam usando o produto.
3. **Viralidade pela exposição:** O produto é tão incrível que as pessoas mostram seu produto com frequência. Airbnb: os usuários mostram a cobertura que alugaram. Instagram: Os usuários exibem suas lindas fotos, esperando reconhecimento. Apple: "Enviado pelo meu iPhone";
4. **Referências:** os usuários são incentivados ou ficam bem ao compartilhar seu produto com amigos. Pense no Uber,

onde você envia um convite para um amigo e ganha $ 5 na próxima corrida.

5. Viralidade boca-a-boca: Você tem uma marca. As pessoas falam sobre o quão incrível você é, mesmo sem qualquer incentivo.

O que não funcionou para a Mixmax

• Viralidade da rede: Menos de 1% de novas inscrições;

• Exposição(enviada pela Mixmax): 2% das novas inscrições. Adotar isso também causa churn quase no mesmo volume de novas inscrições. Por outro lado, isso proporciona uma ótima visibilidade / exposição;

O que funcionou para a Mixmax

• Referências: 12% das inscrições. Eles oferecem um upgrade gratuito se você convidar 7 ou mais amigos. Funciona muito bem para produtos que têm um amplo apelo;

• Viralidade pelo valor: 14% das inscrições. Recursos como a inclusão de disponibilidade de calendário em um e-mail, incorporação de vídeos, documentos, pesquisas e recursos adicionais para envio por e-mail. Os usuários veem o que o produto pode fazer e ficam interessados.

• Viralidade boca-a-boca: 44% das inscrições. Pessoas pesquisando palavras-chave de marca no Google, falando em redes sociais. Concentre-se em construir uma marca e ser memorável.

Mixmax — upgrade gratuito se você convidar 7 ou mais amigos.

Princípios de design para $ 0 CAC

- Construa uma cultura de frugalidade, simplicidade e economia);
- Restringir orçamentos, criatividade traz $ 0 CAC;
- Preços: concentre-se no preço baixo, concentre-se em um único plano (mesmo que tenha outros), foque em pagamento mensal (ao invés de contrato anual). Facilite a compra se você quiser aumentar a viralidade;

Growth é um esporte de equipe, não o trabalho de uma única pessoa: caso do SurveyMonkey

Quando Elena Verna foi convidada para trabalhar como a Líder de Growth da SurveyMonkey, ela inicialmente recusou. O principal questionamento dela era a respeito de como seria possível apenas uma pessoa ser encarregada de fazer o negócio crescer quando existem tantos fatores que influenciam o crescimento?

Para Elena, agora Senior VP of Growth da Malwarebytes, ela logo percebeu que não cabe ao líder de crescimento ser demitido se o crescimento parar, mas sim promover uma mentalidade e uma cultura que facilitem o crescimento internamente de toda corporação.

> *"Nosso objetivo é falhar em 50% dos experimentos. Isso nos mostra que estamos realmente encontrando limites."*
> *Elena Verna (Malwarebytes)*

Fazer isso implica rodar experimentos muito rapidamente, tendo a disposição de discordar internamente. Quando todos os experimentos realizados são vencedores, isso significa que você não está se movendo rápido o suficiente. Desconfie se tudo estiver dando muito certo.

Talvez os desafios não estejam num nível alto o suficiente para provar que algo está realmente promovendo o crescimento da sua empresa.

Tomer Cohen, VP de Produto do Linkedin

Tomer Cohen, vice-presidente de produtos do Linkedin, recomenda focar na ativação e no engajamento do usuário. Essencialmente, calculando a rapidez com que você pode obter novas inscrições para encontrar valor e qual porcentagem dessas novas inscrições você realmente consegue reter. Com uma estratégia de crescimento orientada pelo produto, uma vez que o usuário tenha adotado com sucesso seu produto, a receita virá naturalmente mais tarde.

Porque o Calendly converte muito à uma taxa muito maior que outros produtos freemium

O CEO do Calendly, Tope Awotona, também concorda com a importância dos experimentos para o crescimento da empresa. Calendly é um produto que tem o foco na marcação de meetings utilizando o calendário pessoal dos usuários. Atualmente o software vem crescendo exponencialmente utilizando técnicas de Growth para o produto.

> *"Depois do usuário marcar a primeira meeting, reduzimos o número de passos ao mínimo possível para que o próximo usuário possa marcar uma meeting. É como enxugar ao máximo e verificar os resultados desses experimentos: se aumentaram ou não o uso do produto."*
> *Tope Awotona, CEO (Calendly)*

O fundador do Calendly estava cansado dos idas e vindas durante as reuniões de agendamento, ele sabia que tinha que haver uma maneira melhor de marcar as meetings. Ele começou o negócio inicialmente como um projeto paralelo enquanto exercia outra atividade. A intenção de Tope era cobrar pelo serviço, similar às alternativas no mercado. Mas as coisas não funcionaram como ele planejou inicialmente.

> *"Nós nunca fomos destinados a ser um produto gratuito. Fomos feitos para ser um produto 100% pago, mas fiquei sem orçamento para os engenheiros implementarem um paywall. Foi a melhor coisa que já aconteceu ao Calendly." - Tope Awotona, CEO (Calendly)*

Quando Tope conseguiu implementar paywalls no Calendly, ele tinha todas as informações sobre os usuários para funcionar. Ele sabia quais casos de uso eram críticos para as empresas e quais não eram.

Isso ajudou a Calendly a concentrar seus esforços de produtos, à medida que introduziram novos recursos pagos, assim como recursos alinhados com as necessidades de seus casos de uso de maior valor. Até hoje o Calendly converte à uma taxa muito maior do que outros produtos freemium, devido em grande parte ao seu início como um produto totalmente gratuito.

Lançar um produto focado no consumo

Para Andy Wilson, CEO e fundador da Logikcull a grande mudança na política de preços veio mais tarde na história da empresa. Como eles chamam no Vale, como eles "pivotaram" a empresa. A empresa de software baseada em nuvem começou como Logik

Systems, uma empresa de serviços, antes da transição para o software como serviço anos (SaaS) mais tarde.

Quando Andy lançou a oferta SaaS da Logikcull, ele seguiu o que a maioria de empresas SaaS faz: vendê-la como uma assinatura anual, pedindo aos clientes que assinassem um contrato prévio, considerando a quantidade de usuários e o uso propriamente do produto. Com o tempo eles descobriram que os padrões de uso de muitos clientes eram ocasionais ou extremamente difíceis de prever e perceberam que uma assinatura anual não atendia às necessidades deles.

Isso levou a Logikcull a lançar o produto "pay as you use" baseado no consumo do produto. Esta mudança direcionou e impulsionou para rápido crescimento da empresa. Isso também levou a uma mudança na forma como a Logikcull pensa sobre a experiência do cliente e o engajamento do produto, em direção a uma mentalidade de demonstrar valor o mais rápido possível.

> *"A viralidade nasce da criação de soluções encantadoras para necessidades "ardentes" dos usuários". - Andy Wilson, CEO e fundador da Logikcull*

Deputy e o canal de aquisição viral

Ashik Ahmed, co-fundador e CEO da Deputy, mostrou como produziram o NPS e o transformaram em um canal de aquisição viral. Como uma solução de gerenciamento da força de trabalho para os trabalhadores horistas, o Deputy é usado tanto pelos CEOs e gerentes quanto pelos membros da equipe.

Ashik percebeu logo no início do desenvolvimento do produto que os membros da equipe eram uma das principais fontes de referências boca a boca; o produto tornou suas vidas muito melhores do que elas naturalmente se espalham para outros donos de empresas. A ponto de escutar algo como "Eu não trabalharia numa empresa que não utiliza o Deputy como ferramenta para seus colaboradores". Este é o maior indicativo de boca-a-boca e viralidade do produto.

> *"Na verdade, não pergunte pela nota do seu produto (NPS). Pergunte antes sobre qual o valor que ele está entregando. Depois, viva e respire o seu NPS."*
> *Ashik Ahmed Co-Founder & CEO, CTO (Deputy)*

Agora, a equipe identifica sinais de que o valor foi entregue a seus usuários, incluindo proprietários e colaboradores da empresa. Esses sinais acionam uma pesquisa de NPS no produto para o usuário. Os resultados então são direcionados para onde podem ser mais impactantes: respostas negativas vão para Vendas e Produto. As menções positivas são estimuladas, tanto para escrever depoimentos públicos quanto recomendar o produto em troca de alguma recompensa — que Olof (Mixmax) comentou como viralidade pelas referências.

Como o Slack faz um produto que as pessoas amam

Merci Grace contou sua experiência como VP de Growth do Slack. Ela foi uma, entre tantos profissionais, que liderou o produto e crescimento no Slack, se juntando como a 50º funcionária e deixando quando o Slack cresceu para 1.000 funcionários. Ela saiu no final de 2017. Anteriormente, trabalhou em empresas de jogos e até fundou sua própria startup de jogos, uma venture-backed exclusivamente voltada para jogos quando tinha apenas 22 anos.

Segundo ela, embora os testes de usabilidade sejam um fenômeno relativamente novo no mercado de software, Merci Grace aponta que as empresas de jogos estavam realmente fazendo isso há décadas, antes das empresas de SaaS perceberem. Eles chamavam isso de teste de jogo.

Merci enfatiza que, ao criar produtos, é essencial desenvolver a habilidade da intuição, que ela define como a observação do comportamento humano, treinada por dados e aplicada ao software.

Como deve ser a hierarquia de desenvolvimento de produto, segundo Merci Grace:

1. Seu cliente: Tudo começa quando entendemos quem são os nossos clientes, quais são suas crenças e valores. Entram aí uma série de atividades tanto do lado de análise quanto de pesquisas com usuários.

2. Problemas do seu cliente: Depois passamos para entender quais são os problemas reais dos usuários e quais as oportunidades que encontramos para resolver esses problemas. Entram em cena pesquisas de mercado e continuam as pesquisas com usuários e entrevistas.

3. Caso de uso do seu cliente: Só então entra uma outra camada de casos de uso e hipóteses para resolver os problemas que foram levantados. Muito teste, prototipação de validação e desenvolvimento destas hipóteses.

4. O produto: No topo desta pirâmide entra o desenvolvimento do produto. Testes de usabilidade aplicados com o produto real. Muita análise e instrumentação, testes A/B e acompanhamento constante.

Pirâmide de desenvolvimento de produto no Slack

Para Grace, o problema é que muitas vezes esta pirâmide é invertida. Empresas que começam pelo produto e depois tendem a encontrar justificativas para vender aquilo que elas criaram. O principal problema é que já começa com um viés muito forte e direcionado para problemas internos, quando na verdade o foco deveria ser o problema dos clientes. A tendência deste tipo de produto é falhar.

Qual o componente chave que falta na maioria das empresas?
Para Merci o que falta na maioria das empresas ainda é o elemento humano. Significa conhecer seu usuário exato, seus problemas reais, seu caso de uso e como eles se ligam ao produto. Você faz isso por meio de entrevistas reais de usuários 1: 1, sites com vendas, testes de usabilidade, prototipagem e assim por diante.

Ela usou algumas vezes um termo chamado "dogfooding". É quando o seu produto teve a real participação do seu usuário na criação, não apenas nos testes e as pessoas que desenvolvem o produto também usam no dia-a-dia.

O que significa que se ele tem que pagar pelo seu produto, o teste envolve inclusive o pagamento. Alimente o seu animal de estimação e faça você mesmo o uso daquilo que você está criando.

O usuário vai ter que pagar para usar e você como gerente do produto ou designer deve acompanhar todo esse processo e entender a real experiência do usuário — por completo. O importante é ficar obcecado com clientes reais, não com uma persona fictícia que na verdade não existe na vida real. A única coisa que você precisa se preocupar é resolver a vida do seu cliente. Se tornar obsessivo com isso.

> *"Nós não medimos o NPS por uma simples razão: nosso NPS é alto." - Merci Grace*

Ao final da apresentação, tive a oportunidade de conversar com a Merci sobre o Slack. Além de me declarar um fã incondicional do seu trabalho e do produto, pois percebo o quanto as pessoas gostam de utilizar o Slack e algumas são apaixonadas por ele.

Comentei sobre relatos de pessoas que se negam a trabalhar em empresas que não disponibilizam o Slack para seus funcionários. Perguntei para a Merci, na visão dela, qual seria o principal ou os principais fatores que levam as pessoas a amarem o Slack.

Ela destacou 2 pontos fundamentais:

1. Simplicidade. O caminho não burocrático para construir coisas e criar o produto. Faça o produto funcionar de forma tão simples que você não precisa explicar. Um dos princípios de Product-Led Growth enfatizam isso, "mostre, não me diga o que deve ser feito" (Show, don't tell).

2. Contato constante com o cliente. Realmente utilizam pessoas que trabalham com o próprio produto para responder aos clientes durante o atendimento, ela acredita que isso é fundamental. Para ilustrar ela contou de forma resumida uma história. Certa vez um cliente sugeriu uma nova feature para o Slack através de uma mensagem no Twitter e o pessoal do time de produto capturou a menção.

A proposta foi absorvida como uma forma rápida de entregar o valor para o cliente. O time implementou a solução e submeteu para o servidor e pouco depois avisou para o cliente:"Está pronta sua solicitação!" — algo assim. Esta relação humana, este grau de proximidade entre o time de produto e o usuário final é um fator essencial para o sucesso do produto.

Principais aprendizados

- Liderar o produto ao crescimento não é trabalho para uma única pessoa ou de um único time. Deve ser construído com toda a equipe e fazer parte da cultura da empresa..

- O design é uma ferramenta estratégica para construir o produto, isto permite o crescimento de toda a empresa. Tenha princípios de design claros em seu produto.

- Quanto maior a empresa, maior a tendência de criar processos que afastam o elemento humano. Como designer, seja obsessivo na busca pela humanização do seu produto e mantenha o contato direto com o seu cliente e usuário.

- Entregue valor. Mesmo com o alto crescimento, o quão importante é continuar ouvindo as dores do cliente e como o seu produto resolve um problema real, entregando valor o tempo todo.

- Construa as soluções alinhadas com a visão do que resolve de fato a vida do seu usuário. Comece com o usuário, seus problemas, casos de uso e depois o produto.

- Falando especificamente em jornada dos usuários, deixe os UX researchers (pesquisadores dos usuários) escreverem as histórias dos seus usuários e os casos de uso do seu produto.

- Tenha Lead Indicators bem claros. Analise as jornadas dos usuários para identificar as ações críticas que os usuários retidos tomaram e quais são os principais indicadores de retenção.

• Pare de usar NPS como métrica do seu produto. Use-o como um farol para iluminar o caminho, não como um painel de instrumentação.

• O "delight", ou encantamento, precisa estar associado com necessidades latentes dos usuários. A combinação destes fatores é explosiva e impulsiona o produto a uma velocidade incrível.

• Simplifique ao máximo. Sempre que você achar que já espremeu tudo, aí sim tem mais oportunidade para você enxugar ainda mais e extrair o melhor do seu produto.

Capítulo 22

Como aprendi a ser mais humano no maior evento de Customer Success do Vale do Silício

Minha experiência no Pulse 2019 — evento da Gainsight sobre Customer Success, Product-Led Growth e mais

A casa da experiência do produto. Esta era a chamada do Pulse 2019. E por ser designer e atuar diretamente com produto, me chamou bastante a atenção. Especialmente por que trabalho diretamente com o conceito de product-led growth desde o início de 2018.

Hoje vejo que o investimento que fiz em termos de passagens, hospedagem e tudo que a participação em um evento desses necessita, principalmente para quem mora tão longe (foram 37 horas de viagem), vale cada centavo.

Figura 45: Em frente ao Moscone Center West (San Francisco, CA), palco do Gainsight Pulse 2019.

Foram dias de imersão que valem como um curso ou uma especialização. É um investimento em educação que todo profissional de design ou que trabalha com produto deveria realizar pelo menos 1 vez por ano.

O evento aconteceu nos dias 21 a 24 de maio de 2019 no Moscone Center em São Francisco. A saber, o Moscone é o maior centro de eventos da cidade, onde foram recebidas aproximadamente 5000 pessoas. Esta foi, até então segundo os organizadores, a maior edição do evento e provavelmente a mais luxuosa.

Fiz um resumo dos apanhados e dos insights dos keynotes principais. Para um evento onde participei de 3 dias, obviamente seria praticamente impossível resumir tudo aqui. O que eu fiz então foi um recorte e editei o que realmente acredito que possa ajudar a resolver problemas que estão em pauta.

Muita coisa vai ficar de fora — e isso me corta o coração. Mas paciência, parte do importante do meu trabalho é tomar decisões. Então decidi mostrar o que realmente me chamou a atenção.

Mas o porque um designer num evento de Customer Success?

Experiência no produto é experiência do cliente

A experiência no produto toma o centro do palco. Especialmente empresas SaaS, a equipe de Customer Success ajuda muitas empresas a engajar e conduzir os clientes para a adoção. Porém, este recurso é de certa forma limitado. Não é possível escalar o atendimento personalizado em clientes que querem experimentar ou simplesmente ter o primeiro contato com o produto.

Neste contexto, a experiência no produto toma o centro do palco. É exatamente neste ponto que o evento converge para um dos pilares básicos do conceito de Product-Led Growth, ou seja, o produto passa a ser proeminente. Tanto que o primeiro item abordado na conferência é justamente a importância das equipes de Produto e Customer Success trabalharem em conjunto.

Se de um lado a equipe de CS trabalha diretamente em contato com o cliente, levantando os principais pontos de dores e melhorias necessários, do outro temos a equipe de produto que possui a capacidade de providenciar soluções de forma eficiente e escalável para a empresa.

O alinhamento desses vetores resultam no aperfeiçoamento do produto realizado com base em dados e dores reais dos clientes, fazendo uma conexão com o próximo ponto que é relativo à evolução do conceito de Customer-First, ou seja, a visão humana do cliente.

Human-First Leadership

Faça o que for preciso para criar uma experiência melhor dentro do seu produto. O conceito de Human-First trabalha muito com a questão de construir a visão de comunidade, de integração. Foi bem interessante que um dos palestrantes (Allison Pickens, COO Gainsight) falou especialmente sobre a importância de preservarmos nossas características humanas e como precisamos fazer o correto balanço das nossas atividades no dia-a-dia.

Especialmente num mercado de alta produtividade e alta exigência, abordar essas questões soa como uma quebra de tabu. E realmente é necessário porque precisamos nos perceber como seres humanos que somos, cheios de falhas e necessidades.

O primeiro passo é justamente compreender e respeitar a nós mesmos como pessoa. Ter um tempo para estudar, para trabalhar, para descansar, para tirar uma folga da tecnologia. Inclusive ela citou um exemplo de ir a um final de semana numa casa no campo, sem eletricidade ou internet e como isso é importante para repor nossas energias.

O segundo ponto é observar que o nosso cliente também é um ser humano. Na prática não existe relação entre empresas, e sim uma relação humana entre pessoas. E que as decisões dessas pessoas são baseadas em emoções, muito mais do que na lógica. Aliás, 80% das nossas decisões são pautadas pelas emoções, usamos uns 20% de lógica apenas para justificar as decisões que emocionalmente já foram tomadas.

Estar vivo é a prova que você pode vencer nos negócios, colocando o ser humano em primeiro lugar.

Os 5 princípios para criar produtos Human-First

Cada humano está em busca ou gostaria de ser tratado dentro destes valores. Para criar produtos Human-First é necessário seguir estes princípios e colocá-los em prática.

1. Seres humanos buscam crescimento: Entender que todos os humanos estão em busca ou estão crescendo. Faz parte da nossa natureza buscar uma escala evolutiva. Apoie-os enquanto eles se movem em direção ao seu futuro. Trate-os com respeito e torne-se parte da jornada deles.

2. Seres humanos são especiais: O que é especial sobre humanos é a nossa humanidade. Como humanos, podemos pensar e articular pensamentos, também temos um senso de certo e errado, o que significa nossa consciência. Buscar a personalização e a customização de cada indivíduo que deseja deixar sua marca positiva neste planeta. Trate todos com gentileza — não porque eles são bondosos, mas porque você é.

3. Vulnerabilidade: Somos seres vulneráveis, passíveis de cometer erros e de sofrer deficiências especiais (temporárias ou permanentes), doenças e limitações impostas pelas etapas da vida humana. Há também determinantes sociais, políticos e ambientais: por exemplo, cultura, economia, relações de poder, desastres naturais. Não apenas nós, mas também nossos clientes. Compreender e respeitar isso faz parte fundamental nesse processo.

4. Trate seres humanos como fins, não como meios: Os seres humanos devem ser tratados como 'fins' e não como 'meios' '. De tal maneira que você trate a humanidade, seja em sua própria pessoa ou na pessoa de qualquer outra, nunca meramente como um meio para um fim, mas sempre ao mesmo tempo que um fim.

5. Seres Autônomos: O respeito pelas pessoas é o conceito de que todas as pessoas merecem o direito de exercer plenamente sua autonomia. Uma pessoa autônoma é definida como um indivíduo que é capaz de se auto-legislar e é capaz de fazer julgamentos e ações com base em seu conjunto particular de valores, preferências e crenças.

Parece mais fácil falar do que fazer, mas esses conceitos são fundamentais para construir produtos pautados na visão Human-First.

Existem algumas palavras que se repetem algumas vezes como respeito, gentileza, autonomia.

Se pudesse dar uma dica para colocar esses princípios em prática, seria seguir esses conceitos como palavras de ordem na sua próxima tomada de decisão.

Antes de sermos clientes, somos pessoas. Somos seres humanos.

Melhorar a experiência do produto através da empatia

Nesta sessão, Andy Mcmillian, CEO da User Testing, mostrou Better Product Experience Through Empathy, como as equipes de produtos podem combinar o Big Data com a percepção humana para trazer empatia à experiência digital atual do cliente.

McMillian afirmou que empresas com experiência de cliente superior consistentemente superam e performam melhor que as outras. Segundo uma pesquisa da Forrester (2018 Customer Service Trends: How Operations Become Faster, Cheaper — And Yet, More Human) que apontam as tendências de CX, o índice de retorno de clientes para empresas que performam fora da curva é extremamente alto. Mais uma vez a palavra consistência aparece como fator chave para o sucesso das empresas.

Outra questão é que as expectativas dos consumidores são mais difíceis de atender. As empresas devem pensar além dos canais — e além de apenas mudar conversas para canais digitais. Eles devem se concentrar em fornecer a melhor experiência com base no tipo de contexto e consulta, incluindo via chatbots, engajamento visual e interfaces de voz.

Em primeiro lugar as empresas precisam admitir que há um problema. Enquanto 75% das organizações acreditam que elas mesmas são centradas no usuário, apenas 30% dos clientes acreditam ser este o caso. Segundo o estudo da Capgemini, esta lacuna entre o que as empresas acreditam e o que de fato entregam aos seus clientes é o que o CEO da User Testing chama de "lacuna da empatia".

Dicas para construir a empatia pelo cliente

1. Todos precisam estar aptos a ver, escutar e sentir como de fato é a experiência do cliente: que frequentemente é digital.

2. Usar a tecnologia para escalar soluções.

3. Superar o que ele chamou de maldição do conhecimento do time de desenvolvimento (quando acha que sabe o que o usuário precisa/quer).

4. Medir as horas de exposição ao cliente, especialmente em funções que não são voltadas para o cliente por natureza.

> *"Bons inventores e designers entendem seus clientes profundamente. Eles gastam uma energia tremenda*

desenvolvendo essa intuição. Eles estudam e entendem muitas anedotas, em vez de apenas médias que você encontrará em pesquisas. Eles vivem com o design." - Jeff Bezos, Founder and CEO Amazon.

As 3 verdades inconvenientes sobre liderar na visão Human-First

Nesta palestra, Chris MacNamara compartilhou sua experiência como líder e gestor na função de VP of Customer Success na Glassdoor — site onde funcionários atuais e antigos anonimamente analisam empresas e sua administração.

A percepção que os empregados têm sobre a cultura e a liderança importa. E muito. Colocando em uma ordem de grandeza, em primeiro lugar que importa está a senioridade dos seus líderes, seguido pela cultura da empresa e no terceiro quadrante a compensação financeira.

Segundo a pesquisa apontada por MacNamara, 65% dos participantes identificaram que o tratamento respeitoso por todos os empregados é a unidade primária de satisfação no trabalho.

Human-first talvez não seja a mesma coisa Customer-First. Pelo contrário, por mais que pareça um jogo de palavras similar, são conceitos e prerrogativas completamente distintas. É importante interpretar corretamente esses conceitos para poder colocá-los em prática. Cuidado com o hype.

Human-first talvez não seja speed first. A direção é mais importante do que a velocidade. É melhor estar indo na direção certa, com coisas que você realmente acredita e que estão alinhadas com seus princípios do que tentar conquistar resultados no curto prazo.

Human-first talvez não seja comfort first. Tomar decisões não é um processo fácil, principalmente quando é necessário tomar decisões que são vistas como impopulares. A melhor maneira de conseguir engajamento dos membros do seu time é ser transparente e abrir as razões pelas quais levaram a tomar tal decisão. As razões são a chave para compreensão.

Principais aprendizados com Chris MacNamara:

1. Suas decisões como líder influenciam diretamente a cultura e o engajamento dos funcionários da empresa.
2. Human-first talvez não seja customer first, speed first ou comfort first. Human-first, muito frequentemente, é feeling first (baseia-se nos sentimentos).
3. Human-first significa que você nem sempre concorda — mas as razões são a chave para compreensão.
4. Transparência sobre limitações constroem confiança.
5. Transparência sobre erros constrói a cultura da prestação de contas.

Inovação de produtos centrada no cliente - Slido

Como a equipe de produtos da Slido se reinventou com profunda colaboração do time de Customer Success.

O caso do Slido é bem interessante. É uma ferramenta bem intuitiva e fácil de utilizar, sendo utilizada ao final de cada palestra do Pulse como janela de perguntas e respostas. Ao final de cada palestra audiência podia fazer perguntas para os palestrantes diretamente pelo aplicativo. Essas perguntas eram rapidamente aprovadas por um moderador e abertas para votação para a audiência.

Conforme o relato do Peter Komorkik CEO do Slido e Jo Massie, VP of Customer Success, 1 ano atrás (2018) o Slido era totalmente focado na retenção dos usuários. Visando alcançar suas metas de retenção, tentaram de tudo para mover o ponteiro: onboarding, pesquisas, dados, processos, educação dos clientes, etc. Nada dava um resultado muito expressivo. Para realmente causar impacto, eles tiveram que mudar as coisas do lado do produto.

Visando alcançar suas metas de retenção, tentaram de tudo para mover o ponteiro. Para realmente causar impacto, eles tiveram que mudar as coisas do lado do produto.

Figura 46: Os desenvolvedores participam regularmente das entrevistas com usuários do produto.

Primeiro porque o time de produto estava apenas executando um roadmap. O time de Customer Success tinha o sentimento de que a voz deles não importava para os demais, apesar de estar na linha de frente com o cliente. Em algumas semanas após iniciar o quarter, ninguém mais na empresa acreditava no roadmap de produto.

Criaram um time chamado Customer Experience Team, ou time de experiência do cliente. Na prática eles conectaram o time de engenharia e o time de customer success para trabalhar em conjunto, atacando as principais dores e resolvendo os problemas reais dos clientes.

Mudanças do lado do Produto:

1. Aboliram roadmap de produto
2. Criaram times autônomos de verdade
3. Definiram uma estratégia clara de produto (e simples)
4. Identificaram os principais problemas
5. Colocaram o time de customer success dentro do produto

Mudanças de mentalidade no time de Customer Success:

- Abraçar a dor do usuário como uma oportunidade para aprender e melhorar;
- Não resolva o problema apenas para um usuário, tente resolver para os próximos 1000;
- Repita a dor / insight (frequência crítica para equipes de produto);
- Ver o time de produto como um aliado;

Os primeiros resultados para o Slido:

1. É uma grande mudança. Os primeiros resultados vão levar algum tempo para aparecer;
2. Conseguiram 20% de melhoria na ativação de novos usuários;
3. Muitas ideias do roadmap do Q1 não sobreviveram à fase de Discovery;
4. As coisas de maior impacto que fizemos vieram das conversas com os usuários;

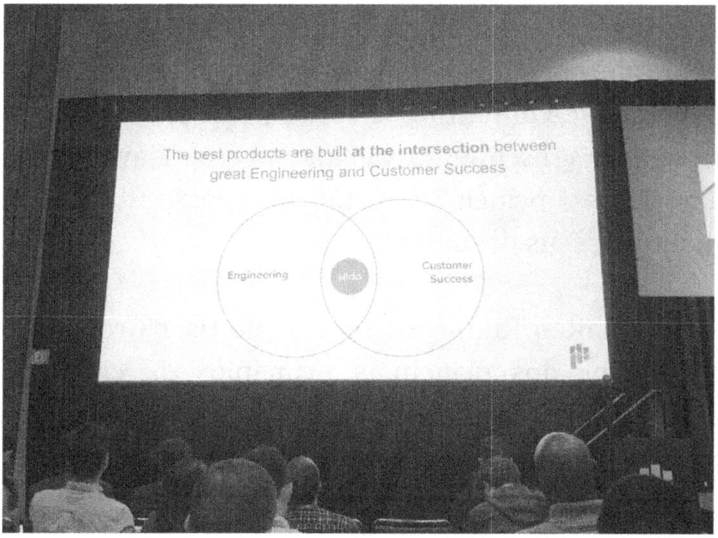

Figura 47: Os melhores produtos são construídos da intersecção entre engenharia e customer success.

Os insights dos clientes são a alma vital da inovação de produtos centrada nos usuários. Para manter os insights fluindo, vocês precisam continuamente demonstrar o seu impacto no produto.

Slido foi um dos melhores cases apresentados na minha visão, especialmente por reforçar a importância do trabalho em equipe como manter continuamente o processo de conversa com os clientes.

Os 5 princípios por trás do Product-Led Growth no Google

O crescimento do produto é frequentemente considerado como sendo impulsionado por hacks de crescimento inteligente ou pela entrega de funcionalidade que é sempre prometida no próximo lançamento do produto.

As empresas que dominam o fornecimento de crescimento consistente de produtos seguem uma abordagem diferente. Eles identificaram um conjunto básico de princípios de produtos que impulsionam o crescimento de maneira confiável e a aplicação contínua desses princípios está no centro da estratégia de crescimento de seus produtos.

Nesta palestra, Ken Rudin, Sr. Diretor de User Growth do Google, abordou alguns dos principais princípios de crescimento que ajudam o Google a fornecer um crescimento consistente e confiável de produtos.

Princípio 1
Obtenha a primeira milha certa. Foco em usuários ativando no seu produto, não apenas no onboarding.

Princípio 2
Growth é um jogo de polegadas. Foco em múltiplas pequenas vitórias em contrapartida à uma grande vitória única.

Princípio 3
Aumente a descoberta no produto. Progressão gradual na conscientização dos recursos disponíveis. Não mostre tudo de uma vez só. Adicione mais pontos de entrada. Promova as features de forma contextualizada.

Princípio 4
Foco nos seus piores usuários, não nos seus melhores. Foco nos usuários marginais, não nos mais poderosos. Growth é direcionado frequentemente por redução de churn, versus aumento na aquisição.

Princípio 5

Todo o "O que" precisa de um "Por que". Identifique motivações para as ações que você quer encorajar. As pessoas são previsivelmente irracionais. Incorpore a ciência comportamental no seu produto e nas iniciativas de marketing.

Como construir um time focado em Product-Led Growth

1. Pequeno time trabalhando o tempo todo junto é melhor do que um time grande que trabalha apenas uma parte do tempo. A formação do time pode ser composta por gerente de produto, designer, engenheiro e um(a) analista.
2. Escolha entre uma estrutura distribuída ou centralizada. Mas não fique em cima do muro, defina uma.
3. Objetivo: aplicar método científico para mover a métrica. Experimente e itere em cima antes de lançar (não construa e lance imediatamente para o mercado).
4. Alvo rápido, vitórias mensuráveis.
5. Promova as vitórias.

Como eu disse, tomar as decisões nem sempre é fácil, mas é uma tarefa que precisa ser feita. Mostrar tudo significa quase o mesmo que não mostrar nada.

Assisti também a Maria Martinez, Dan Olsen, Ilan Frank, Christina Kosmowski, Ciara Peter, Guilherme Lopes, Jonathan Mildenhall, Emily Chang (autora do livro Brotopia — Breaking up the boy's club of Silicon Valley), Leah McGowen-Hare da Salesforce e tantos outros nomes que foram igualmente sensacionais.

O Pulse 2019 foi impecável e certamente um dos melhores eventos que já participei. Certamente um daqueles eventos que proporcionam uma aceleração muito rápida na carreira, em termos de conteúdo, aprendizados e relacionamentos.

Capítulo 23

Product-Led Growth Summit 2019: principais aprendizados

Como desenhar produtos na era do usuário final e qual a responsabilidade da experiência do usuário nesse processo

O Product-Led Growth (PLG) Summit promovido pela OpenView aconteceu no dia 13 de novembro de 2019 na cidade de San Francisco, Califórnia, nos Estados Unidos. O evento reuniu os principais nomes de produto do cenário mundial de empresas que estão direcionadas pelo movimento Product-Led Growth.

Tive a honra e a oportunidade de participar deste evento juntamente com parte do time da Octadesk: o CEO da Octadesk: Rodrigo Ricco, Mahara Scholz, Vitor Ferreira.

A ideia de participar desse tipo de evento é que, mais do que um evento, ele é um investimento pois consiste numa fonte riquíssima de ótimas ideias e aplicação de cases práticos, coisas que aconteceram e estão acontecendo com produtos de alto crescimento.

Esta é a segunda edição do Product-Led Summit que tive o privilégio de participar. A primeira foi em 2018 com meu colega Gabriel Costa. Apesar da edição de 2018 ter sido um pouco menor em termos de quantidade de participantes, a qualidade do conteúdo apresentado também foi altíssima.

Figura 48: Equipe da Octadesk no PLG Summit 2019 (San Francisco, CA).

Nesse contexto, fica cada vez mais evidente a importância de conduzir os processos orientados ao usuário final o quanto antes dentro das empresas. E quão difícil e árduo é o trabalho necessário para executar de forma eficiente, pois o que funciona para uma empresa não significa que necessariamente funciona para outra. Não adianta simplesmente encontrar um modelo e tentar replicá-lo. As necessidades dos usuários, mercados e contextos provavelmente são muito diferentes.

Figura 49: Slide de Blake Barlett no Product-Led Growth Summit 2019 — OpenView.

É importante entender o conceito e como aplicar os princípios necessários para conduzir o desenvolvimento de produtos focados nos usuários finais. A ideia central é que a demanda deve partir de baixo para cima dentro das empresas, para que seu produto possa criar aderência necessária. Diminuindo assim muito o atrito nos primeiros passos: entrega de valor, compra, implementação.

Esse método proporciona a criação de relações mais profundas com quem de fato opera o sistema, aumentando significativamente o engajamento e consequentemente a retenção. No final do dia, o que ganha o "jogo" é retenção. Usuários retidos ficam conosco por muito mais tempo e tornam as empresas mais lucrativas, pois entregam mais valor para os usuários finais do produto.

Atualmente há uma corrida por crescimento e descobrir quem será o próximo unicórnio. O fato é que as empresas PLG, depois que viram IPO, são muito mais lucrativas no longo prazo. Tanto comparativamente com empresas que não são PLG SaaS e que foram construídas em épocas anteriores, onde a visão da empresa concentrava-se na venda para os gerentes ou executivos das empresas. Empresas focadas em usuários finais são mais lucrativas.

Steve Sloan — CPO / CMO no Twillio / Sendgrid

Steve trabalha com produto e marketing na Twillio. Segundo o próprio Steve, a transição se deu naturalmente de acordo com algumas movimentações dentro da empresa. O importante é que ele tem muitas lições do mundo B2C para compartilhar que se aplicam ao mundo B2B.

Experimentação para descobrir o que funciona. Experimentação é muita falha, e é algo que não é muito óbvio. É preciso mudar de lugar em que você se concentra apenas no resultado para um método onde os processos e pessoas são mais importantes: concentre-se no processo e na evolução. Permita que as falhas aconteçam e as pessoas precisam ter segurança psicológica para isso. É preciso também desenvolver habilidades para executar experimentos muito bem.

É importante entender o que você aprende com o experimento e o que vem a seguir. Em ambientes tradicionais, o gerenciamento de controles realmente não funciona nesse ambiente Product-Led.

Você não tem todas as respostas, as respostas precisam ser descobertas. E as respostas estão lá fora, com o usuário final do produto. As pessoas que trabalham com o produto devem ter a segurança pra dizer "ei, o que fizemos explodiu totalmente" e receber uma resposta como "está tudo bem, o que vocês aprenderam com isso? E o que vem a seguir?". E seguir em frente mesmo.

Cultura é a maneira que nós, como líderes, agimos com as pessoas. Nós temos que evoluir neste ambiente selvagem e inexplorado.

A experiência do produto começa quando eles digitam na barra de pesquisa do Google. Se você pode conectar esse momento com a primeira vez em que eles chegarem na primeira página de destino — página da web: é a partir daí que começa a experiência no produto.

David Apple — Head of Customer Success & Sales do Notion / Ex-Typeform

Atingiram milhões de usuários utilizando dois componentes principais: viralidade e crescimento orgânico porque simplesmente as pessoas amam esses produtos.

Principais fatores que contribuíram para o sucesso destes produtos (Notion e Typeform) segundo a visão de David Apple:

- Foco: tenha clareza em relação ao que você vai dizer não;
- Clientes: entenda seus resultados desejados;
- Engajamento: engajamento baseado na segmentação;
- Loop de feedback: fechando o ciclo de feedback no produto;
- Pessoas: Contrate pessoas orientado pela maturidade do seu time;

1. Foco

É a coisa mais importante a se fazer para conduzir o seu time para o sucesso. E também é algo que muitas pessoas fazem errado.

Porque no começo da empresa faltam muitas coisas: faltam recursos, pessoas, processos. Então a ideia aqui é se concentrar em entregar um enorme valor para o cliente.

Ao invés de tentar fazer umas 10 coisas ao mesmo tempo, é muito melhor se concentrar em 1 ou 2 coisas e fazer essas coisas muito bem.

2. Clientes
Conheça muito bem quem são os seus clientes. E isso é muito importante para a equipe de Vendas e Customer Success. Saiba quem eles são, porque eles estão usando o seu produto e qual o seu indicador de sucesso.

Fale com seus clientes
A primeira coisa que David faz para conhecer os clientes é entrevistá-los: o foco não está em entender quais recursos eles gostam, quais eles não gostam. A ideia aqui é entender qual o resultado desejado quando eles usam o seu produto. Qual é o objetivo de negócio do cliente que o produto ajuda a atingir e como o cliente justifica o investimento no seu produto.

Essas conversas ajudam muito como resolver os problemas através do produto e como conduzir os clientes para o sucesso.

Observe o comportamento do seu cliente
David disse que ele olha por dois ângulos:
1. Indicativos demográficos — tamanho da empresa, localização, indústria, etc.
2. O que eles estão fazendo de fato com o produto — resultado que entrega sucesso pra eles.

Colete essas informações juntas e construa o seu perfil de cliente ideal. Isso pode ser um pouco intimidador de fazer, especialmente se você não tem muitos clientes ainda. Mas pode ter uma pegada de intuição e teste. Isso ajuda o seu time entender para quem você está vendendo e o que o cliente considera como sucesso. E isso é importante para alinhar times cross funcionais quem é de fato o seu perfil de cliente ideal com toda a empresa.

Esse processo facilita muito tanto para vender para este cliente quanto para reter o cliente no produto: você vai oferecer algo que faz muito mais sentido e o cliente consequentemente usa o produto por mais tempo. Do lado de produto, ajuda também a priorizar que recursos devem ser desenvolvidos para conduzir o cliente a extrair cada vez mais valor e sucesso.

3. Engajamento
Uma vez que você descobre que são seus usuários é possível entender como se engajar com eles. O objetivo aqui é entender se você está enviando a mensagem correta, para o cliente correto e no tempo adequado.O primeiro passo para isso é segmentar seu cliente. Então para isso David usa um critério bem simples: clientes High touch, Low touch e Tech touch.

Clientes High-touch são clientes que o David considera como potenciais clientes para alto engajamento. São clientes com potencial para conduzir um processo de alto engajamento por um longo prazo.

Low-touch são clientes considerados como "apenas no momento" e o produto está menos focado em construir um relacionamento em andamento, mas como resolver um problema específico num determinado período de tempo.

E o grupo dos clientes Tech-touch tem uma experiência totalmente automatizada, especialmente para cada novo usuário adicionado neste grupo. E o custo de implementação desses clientes é literalmente zero.

Após construir a segmentação dos seus clientes o próximo passo é mapear a jornada do usuário, onde você quebra ela em estágios. E você cria diferentes pontos de contato onde pretende engajar-se com seus clientes.

Um exemplo disso é se alguém começa a criar uma conta no Notion mas não adiciona nenhum colega ou colaborador para compartilhar o que está fazendo. Nesse ponto o produto começa a engajar com o usuário, disparando gatilhos para colaboração e convidando para adicionar seus colegas.

O que David recomenda é ajustar o nível de engajamento com o perfil de cada cliente. Cliente High-touch você pode convidá-los para uma conversa por videoconferência. E clientes Low-touch envia um E-mail automático onde o usuário responde e engaja com alguém do seu time. E se for um cliente Tech-touch pode enviar um E-mail automático com um passo a passo por vídeo.

4. Fechando o ciclo com o produto
Provavelmente essa é a coisa mais impactante que você pode fazer, especialmente em empresas Product-Led Growth. Pois no final das contas são as melhorias no produto que permite fechar novos negócios, negócios maiores ou ainda reter melhor os nossos clientes.

O primeiro passo é ter um modelo consistente: categorizar de forma consistente os feedbacks que seu produto recebe dos clientes. A palavra chave aqui é consistência, pois você precisa ser consistente através de todos os seus diferentes canais. O time de suporte deve categorizar da mesma forma que o time de Customer Success, Marketing, Sales, Pesquisa de NPS, etc.

Porque se você consegue ser consistente através dos diferentes canais, é possível ser mais apurado e agregar os dados, pois você pode comparar maçãs com maçãs. Identificando assim as principais tendências ou alavancas. Agora você está apto a dizer que a principal razão para churn (cancelamento) está também relacionada com as três principais razões que levam os clientes a abrir tickets no suporte.

É o tipo de informação que, cruzada com diferentes canais, através de diferentes clientes, irá ajudar o seu time de produto a construir a decisão sobre o que deve ser priorizado no produto que irá ajudar os clientes a resolverem seus problemas.

5. Pessoas
Nessa parte David Apple focou num framework (modelo de trabalho) divididos por três fases:

1ª Fase: Entender a maturidade do seu time. A ideia aqui é que quando você está começando o seu time é muito parecido com um quadro totalmente branco. E algumas pessoas ficam bastante motivadas e energizadas para começar a construir coisas e outras pessoas ficam congeladas. E nos estágios iniciais recomenda-se contratar pessoas que ficam motivadas com isso e querem começar a construir logo.

2ª Fase: Uma vez que você começar a construir nos primeiros estágios, a segunda fase é contratar pessoas que gostam de começar a construir as coisas a partir de esboços e que suportam crescimento orgânico no processo. E que tem uma forma de pensar voltada para a melhoria contínua, iteração e otimização de processos. E faz isso por enquanto e quando você tiver um processo que estiver otimizado, pode avançar.

3ª Fase: Pessoas que amam executar mais do que terem os melhores processos.

Nos estágios iniciais de uma empresa nós temos muitos bons problemas para resolver. E David descobriu que contratando pessoas com diferentes pontos de vista e perspectivas conseguiram encontrar soluções inovadoras para problemas complexos.

O último ponto é sobre analisar as coisas que estão sendo feita através do que David Apple chamou de linha de fronteira tripla:

1. Impacto nos negócios
2. Custo-benefício
3. Engajamento do time

A ideia é que o sucesso sustentável do seu time é o resultado da multiplicação desses três fatores. Se algum desses fatores está descendo a zero então seu sucesso não é mais sustentável. Por exemplo: se você está batendo nos seus alvos de negócios, fazendo isso com um time pequeno e de baixo custo-benefício, mas todos estão se sentindo sobrecarregados, isto não é uma forma sustentável de rodar um time.

Kelly Watkins — Ex-VP Marketing Slack

Kelly inicia sua conversa falando sobre conselhos e quão perigosos podem ser. A questão é entender se os conselhos são úteis ou não. E dentro desse contexto entender quais aprendizados podem ser mais úteis que conselhos. Alguns artigos sobre crescimento das empresas parecem ter dicas mágicas, caminhos felizes e perfeitos. Na verdade, por dentro das empresas é um pouco mais bagunçado do que aparecem nas apresentações e nos artigos.

Na verdade as coisas rodam muito mais assim: a gente comete muitos erros, as coisas são difíceis, muitas coisas que rodamos são feitas com muitos exercícios. Não existe um único playbook capaz de atender o que precisamos: temos diferentes produtos, diferentes audiências, é difícil agrupar tudo em uma coisa só que funciona bem para todos.

Segundo Kelly, o mais importante do que os playbooks são os contextos. Contexto é tudo.

No Slack, por exemplo, tinham uma audiência massiva, colaboradores com muito conhecimento, capazes de converter audiências em usuários, em grupos de trabalho e no outro lado de tudo isso gerar receita para empresa.

Existem muitos artigos falando sobre tudo isso e do lado de fora as pessoas tentam desempacotar a estratégia do Slack se deparam com coisas como: o Slack tem uma marca que as pessoas realmente gostam. Temos um produto que tem um altíssimo engajamento e agradável de usar. E temos um modelo de versão gratuita do produto. E temos também uma alta demanda para pequenas e grandes empresas.

Na verdade nosso modelo de crescimento parece mais com isso: O marketing do Slack realmente está direcionado o funil de inbound para testar/ usar o produto. Estamos tentando qualificar os times para usarem o Slack, não favorecendo o uso de E-mails pessoais para o trial do produto, adicionando seus colegas de trabalho para usar o produto, por exemplo.

O faturamento não acontece magicamente. O Slack também tem o faturamento por autoatendimento. Do outro lado eles também tem o time de vendas, tracionando o crescimento através de receita por contas maiores.

Transformação digital parece uma série de palavras divertidas, mas na verdade as empresas estão tentando descobrir como transformar suas culturas, como transformar o jeito que elas trabalham. E estamos tornando produtos como o Slack esse processo de transformação possível.

E por fim Slack levantou uma rodada considerável de dinheiro. E Watkins acredita que esse é um ponto que vale a pena considerar pois o sucesso do produto e a habilidade de direcionar o crescimento vêm destes recursos.

Quando olhamos para o contexto do Slack também pode ser aplicada para Product-Led Growth. Watkins pensa que falamos disso como uma estratégia e estamos tão perto disso. Existem vários princípios que podemos extrair disso.

O Slack uma grande experiência do usuário no produto:

- Tem um hiper foco em usuários.
- Viralidade pelo produto.
- Remoção de fricções no signup e foco em conversão.

Quando olhamos para esses princípios, essas são coisas que qualquer produto deveria fazer. Independentemente da estratégia "bootstrap" da empresa para direcionar o crescimento, deveríamos escolher que é isso que acreditamos quando estamos criando produtos.

Kelly não acredita que a escolha da estratégia entre ser Product-Led Growth ou Marketing Led Growth deva ser uma escolha binária. Para ela, é uma construção falsa ver o mundo desta forma.

A verdade é que é preciso entender o que funciona para o negócio e que essas estratégias são complementares. Quando olhamos para o contexto da nossa audiência, produto e como pensamos as estratégias Product-Led: Produto, Vendas e Marketing trabalham até hoje juntas.

Existe um momento mágico na startup onde você está naquele estágio bem inicial. As pessoas começam a fazer o signup pelo seu produto, fora da sua rede de contatos. Você não as conhece, não sabe da onde elas vêem. E o crescimento acontece com você. É um momento bem emocionante.

Se você consegue entender porque o crescimento está acontecendo com você, é possível entender como repetir o processo e torná-lo previsível. Ser dono do seu próprio destino. Definir alvos e atingi-los com algum nível de confiança.

Quando olhamos o que importa no topo do funil, existem 3 importantes elementos para considerar: (1) Queremos pessoas que usem o produto e trazê-las para um estado de consciência, saber que seu produto existe (2) Passar para um estado de consideração, onde elas pensam se o produto importa para elas (3) Para um estado de intenção, onde as pessoas querem usar: querem fazer o signup e comprar.

Num "mundo consciente" onde entram os Marketing Qualified Leads (Contatos Qualificados pelo Marketing) temos uma série de táticas de marketing que podemos usar, de acordo com o nível de consciência. Podemos elevar um pequeno nível de consciência, por exemplo, usando uma sequência de Emails depois de capturar o endereço.

Consideração e intenção acontecem após isso, e temos vários recursos de alto contato pessoal que podemos fazer isso possível (marcação de reuniões online, ligações, videoconferências, etc). Fazer uma demonstração do produto, uma demonstração pessoalmente ou ainda oferecer um período de testes. Conversa cara a cara com as pessoas. Então podemos direcionar as pessoas de um estado de consideração e intenção para um estado de compra.

Mas quando olhamos para Product-Led Growth, Kelly acredita que consciência, consideração e intenção acontecem bem no topo do funil. Fazemos as pessoas aterrissarem no nosso website direto num ponto que permite começar a usar o produto, e isso fundamentalmente muda a dinâmica para o marketing quando chegamos ao crescimento.

Consciência

Assim, Kelly acredita que isso é particularmente relevante porque muda as ações no website. Não é apenas colocar mais um botão "saiba mais", "fale com alguém de vendas", "solicite um período de testes" ou "solicite uma demonstração". Na verdade, estamos pedindo para as pessoas que começam a usar agora (get started!).

Isso é uma coisa realmente profunda para se pedir para as pessoas. O marketing precisa de pessoas que estejam num estado de alta intenção quando fazemos um pedido como este: comece a usar agora.

Consideração da Solução

O nome da marca importa. Especialmente num mercado B2B. Precisamos de pessoas que se lembrem quem nós somos, que se lembrem que nós existimos fora do contexto das nossas propagandas. Fora de um contexto de estar cara a cara com nosso produto. Especialmente num momento onde a colaboração, a comunicação com o time seja difícil e o trabalho duro, eles se lembrem que podem usar Slack (ou tentar começar a usar).

Se você quer algo que realmente direciona programas de topo de funil, existem várias coisas que podem ser feitas do lado de produto. Kelly pensa que precisamos considerar coisas como marketing da marca, como fazemos as pessoas estarem conscientes que seu produto existe. Permitir que as pessoas considerem e entendam o que seu produto faz, ter um melhor senso da sua relevância e do que ele faz melhor.

Obtendo e mantendo usuários

Especialmente começando pelos usuários iniciantes (early adopters), aquelas pessoas que são inspiradas e motivadas por experimentar as novidades e essencialmente você tem também todos os demais (everyone else).

A verdade é que o futuro da inovação, a curva de adoção que gostaríamos tanto de ver, é difícil pois cruzar o abismo é realmente duro. Mover de usuários iniciantes (early adopters) para usuários com mais camadas (everyone else) não é simples e não é fácil. É preciso entender o que realmente cada um se importa.

Os usuários que adotam as novidades antes são movidos pelo "novo". Eles se sentem confortáveis com a ambiguidade, são praticamente autodidatas e extremamente motivados. É exatamente nisso que Product-Led Growth pode ajudar esses usuários, porque essas pessoas precisam de menos ajuda, estão prontas para avançar por elas mesmas.

Mas se queremos cruzar o abismo e alcançar maiores audiências, temos que entender o que essas outras pessoas se importam. Algumas são relutantes com as mudanças, preocupadas em falhar, querem entender como seus pares de negócios encontram sucesso. E elas esperam e precisam de suporte, precisam de ajuda.

É nisso que os fluxos de produto podem realmente ajudar. Fundamentalmente é preciso ter uma grande experiência do usuário (UX), um ótimo onboarding, ótimas formas das pessoas entrarem no seu produto e entenderem por elas mesmas pra ele que serve. Como nutrir essas pessoas fora do contexto, como ter ótimos materiais de educação sobre o produto, como elas podem compartilhar esse material com seus pares.

Documentação importa, pois as pessoas fundamentalmente precisam ter acesso a um conteúdo com profundidade se precisarem, sobre o que seu produto faz. E finalmente outra coisa que Kelly acredita que importa tanto quanto é o momento quando os usuários cancelam o uso do produto (churn). As pessoas cancelam porque não estão conseguindo extrair o valor devido pelo produto por ele mesmo e o que aprendemos com isso, como podemos ser melhores. Isso realmente importa.

Como crescer num novo mercado

Nós temos essa roda girando Product-Led Growth, pensando como os usuários existentes podem ser uma fonte de crescimento para a gente. Como eles podem de fato direcionar e atrair novos usuários para o produto e quando entramos num novo mercado essas pessoas muitas vezes não existem.

Usando Product-Led Growth ou não, quando você vai para um novo mercado de acordo com a geografia, audiência, etc é preciso combinar esforços de Marketing e Vendas. Este é um casal que deve ser considerado, marca novamente é importante para direcionar as pessoas conscientemente que seu produto existe. E como alavancar crescimento com parceiros, novas empresas para unir com sua base de usuários se fizer sentido. Podem ser programas de testes gratuitos ou outras formas de atrair o interesse de um novo mercado.

E por último, mesmo que você não seja o produto "mais legal do mundo" tente ser você mesmo. É muito tentador quando as pessoas estão tentando construir um novo produto olhando para os que todos os outros estão fazendo. É tentador olhar para empresas como o Slack e tentar copiar o seu playbook. Mas a verdade é que você pode ser a versão de primeira classe de si mesmo.

Hiten Shah, Co-Founder FYI, Product Habits & Crazy Egg

Todas as palestras foram muito interessantes, mas especialmente a de Hiten Shah me chamou a atenção pela simplicidade dos seus conceitos. Ele foi fundador da Kissmetrics, Co-Proprietário do Crazy Egg e atualmente é CEO do FYI, um produto focado em encontrar arquivos para times.

Uma das coisas que Hiten aprendeu quando começou a construir produtos é sobre retenção. Segundo Hiten, retenção é essa ideia que as pessoas se inscrevem para usar o seu produto, ficam em volta dele e você pode medir por quanto tempo essas pessoas que se inscreveram para usar continuam usando. Ele coloca que a retenção é a métrica mais importante de crescimento, pois sem retenção, segundo ele, não há crescimento de qualquer tipo.

A primeira coisa sobre retenção é que as pessoas devem ter a possibilidade de voltar facilmente para o produto. O segundo ponto é que as pessoas vão falar para os seus amigos, colegas sobre o produto (e isso é totalmente verdade). Eles fazem o signup, tem uma grande experiência — continuam voltando— e compartilham com os outros.

Hiten relacionou retenção com uma princípio que ele chamou de Customer Obsession, ou seja, a obsessão pelas necessidades e desejos dos usuários. É quando você, como um time (que é uma coisa totalmente cultural) você olha para as necessidades dos seus usuários sobre suas necessidades de negócios.

- As necessidades de negócios são: você precisa aumentar retenção;
- As necessidades dos seus clientes são: eu quero usar esse produto na minha vida, todos os dias;

Então Hiten compartilhou o passo-a-passo para entender as necessidades de clientes com 3 passos, sendo desta forma:
1) Comece com a jornada do cliente;
2) Trabalhar de trás para frente, a partir do cliente;
3) Rode pequenos experimentos;

Jornada do cliente

Começando pela jornada do cliente, Hiten divide a jornada em períodos de tempo: retenção de curto, médio e de longo prazo. Desde quando as coisas mudaram para dias para reter um usuário, este é o framework que ele compartilhou para olhar sobre o período de tempo:

> Curto prazo = 1 semana;
> Médio prazo = 2 ou 4 semanas;
> Longo prazo= 5 semanas ou mais;

Retenção de Curto Prazo

Pessoas que usaram o produto depois da primeira sessão; Qual a % de usuários que estão usando o produto no próximo dia? Quantas vezes as pessoas estão usando o produto na primeira semana?

O mais importante, como entregar valor para os usuários todos os dias? A maioria das vezes os produtos não sabem ou não entregam de fato valor todos os dias. Entregue valor que as pessoas farão o signup e engajaram diariamente. Isso é muito importante para você descobrir isso.

Retenção de Médio Prazo

O produto resolve um problema doloroso o suficiente? O produto resolve o problema doloroso suficiente para as pessoas? O problema é tão frequente que as pessoas precisam voltar?

Retenção de Longo Prazo

Se você quer retenção de longo prazo, você precisa olhar para o médio prazo. Resolver um problema doloroso suficiente para fazer com que as pessoas voltem. Não é a mesma coisa que comprar 1 casa e só pensar em comprar outra daqui há 10 anos. Resolva o problema doloroso e que exija uma solução frequente que as pessoas irão voltar.

Trabalhar de trás pra frente

Esse é o jeito que eles fazem absolutamente tudo, quando Hiten constrói produtos do jeito que ele pensa é muito inspirado no conceito que vêm da Amazon chamado "*work backwards*". O que você precisa entender para começar este trabalho? Neste caso, entender porque as pessoas não estão usando o produto.

Rodar pequenos experimentos

Então ele mostrou o caso da FYI onde eles enviaram um Email perguntando diretamente para as pessoas "Porque você não fez tal coisa?". Obviamente que deveria ter algo pré-configurado que indica que as pessoas não fizeram determinada coisa. Eles enviaram esses e-mails manualmente num primeiro momento, onde o próprio Hiten assina a mensagem.

Você pode se perguntar "*Porque não automatizar o processo, porque não automatizar os resultados?*". A ideia aqui não é automatizar todo o processo e obter umas 10.000 respostas de diferentes Emails manualmente, de forma quantitativa. Mas analisar o caso de uso e entender de forma qualitativa o que motiva/ desmotiva as pessoas a usarem o produto.

Neste experimento, Shah utilizou como aposta de melhoria:

Retenção:	Curto prazo
Período do tempo (quando):	1 semana após o usuário se inscrever no trial
Pergunta chave:	Porque as pessoas não estão usando o produto?
Objetivo:	Entender como fazer para as pessoas engajarem e ficarem retidas a partir do trial;

Tabela 5: Experimento de Hiten Shah.

Para a retenção de longo prazo Shah realmente indica analisar Product-Market Fit. O que significa aplicar a metodologia de formulário de pesquisa em PMF para descobrir "Quão desapontadas as pessoas deveriam ficar se seu produto não existisse mais?".

A ideia de Shah era medir a retenção de longo prazo num período onde os usuários usaram o produto por mais de 5 semanas, respondendo a pergunta de Product-Market Fit. Para obter um resultado satisfatório onde 40% dos respondentes ou mais devem apontar que ficariam muito desapontados. Se isto acontecer, parabéns, você atingiu Product-Market Fit com seu produto.

Amanda Kleha, CCO do Figma

Uma das palestras que eu estava aguardando bastante era da Amanda Kleha do Figma — que é um produto incrível e que particularmente eu admiro bastante. Ela anteriormente foi SVP de Marketing e Vendas do Zendesk, Product Marketing Manager do Google e conselheira do Airtable e Smarteling.

O Figma é uma ferramenta de design e o produto foi lançado no início de 2016. Já tiveram até o momento mais de 2 milhões de signups desde então. Tem aproximadamente 200 colaboradores e uma marca incrível junto aos clientes.

Visão do Figma: Fazer o design acessível para todos.

Quando pensamos sobre qual fórmula fez o Figma atingir o crescimento viral que ele teve desde então, devemos considerar estes quatro componentes: o produto colaborativo, expansão liderada pelo produto, comunidade e evangelismo e uma cultura de crescimento interna.

Design é importante para a estratégia do produto porque muitos clientes frequentemente escolhem seus produtos por causa do design. Seja porque estão alinhados com seus princípios, precisam desenhar para os seus usuários ou simplesmente desenhar algo fácil de usar ou simplesmente criar uma marca que é bem desenhada. Design é muitas vezes o ponto central de muitas empresas de tecnologia hoje em dia.

Design não é simplesmente sobre designers desenhando pixels e caminhos felizes. Na verdade, é o esforço de um time como um todo que inclui engenharia, marketing de produto, gerentes de produto trabalhando com o design juntos para iterar e dar feedback uns para os outros.

Mas o processo de design ainda está quebrado. Embora muitos não saibam, Amanda disse, mas designers ainda fazem download de software (aproveitou para dar uma alfinetada na concorrência, como Adobe e Sketch, que ainda exigem que seja feito o download do produto).

Provavelmente você se lembra quando criava um documento ou apresentação que precisava anexar num Email para um grupo de pessoas e receber feedback e depois de muitas indas e vindas e você tinha que reenviar novas versões. E designers muitas vezes ainda trabalham desse jeito, pois não tinham uma solução baseada na web. Este é o jeito que o Figma está atuando de forma disruptiva na indústria do design.

O Figma é uma das poucas soluções hoje em dia baseadas na web onde você pode construir todo o processo de design numa única ferramenta. Desde brainstorming, user research, wireframing, criação de assets, prototipação e animação destes protótipos, entregando aos desenvolvedores. E também coletando feedback destas possibilidades diretamente no Figma.

Não apenas designers podem usar o Figma, pois como ela mencionou outras pessoas na organização também podem fazer uso. Podemos ver como o Figma se expande na organização através de anotações e diferentes responsabilidades, como até mesmo pessoas do time de vendas.

Entretanto, tendo essa diversidade de papéis dentro do produto, você tem que descobrir como fazer o Onboarding de todos esses usuários. Porque designers estão acostumados com ferramentas de design, mas outras pessoas no processo não são necessariamente familiarizadas com isso.

Um dos desafios que tivemos foi como fazer o Onboarding para todos esses tipos diferentes de pessoas que vêm de diferentes contextos, níveis diferentes de habilidades e expectativas. Nossos experimentos de growth mais recentes estão no entorno de melhorar o onboarding de novos usuários.

Falando sobre expansão liderada pelo produto ou porque você deveria ter um time de growth na sua empresa. Em empresas de tecnologia tradicional expõe sua marca para compradores alvo. Em algum ponto no futuro esses compradores alvo podem avaliar esse produto nos seus times. Mas no cenário Product-Led, pelo menos para o Figma, tem um ponto de entrada gratuito para o produto que é realmente fácil para qualquer tipo de pessoa "curiosa" começar a usar o produto tão logo a pessoa queira.

E tornaram realmente fácil deixar outras pessoas colaborarem com elas. E encontramos, em algum ponto no tempo, que há característica de colaboração no Figma que as pessoas começam realmente a amar e não voltam para outra coisa. Assim, internamente nas empresas que trabalham, começam a "vender" o nosso produto para nós.

Talvez não fale com eles neste momento, mas no momento que nosso time de vendas começa a falar com os clientes é realmente um tipo de conversa diferente de vendas. É um diferente estado mental, pois essas pessoas já tem um grupo de usuários usando o produto. O time de vendas no Figma é realmente bom no que faz, além de fazerem incríveis deck de apresentação, eles vendem muito bem. Mas lembre-se que design não é apenas sobre desenhar mas é sobre produto, times e produto, engenheiros e times de marketing no processo.

Por causa disso, a colaboração precisa realmente ser desatada no produto. E como o Figma faz isso? Eles cobram pela entrega do valor principal. Neste caso cobram por editores que usam o produto. Pessoas que tocam a "tela de pintura" principal e deixam os usuários que apenas visualizam como gratuitos.

E também torna fácil compartilhar arquivos, removendo barreiras. Editores podem compartilhar facilmente arquivos e adicionar novos usuários na conta, que podem ser novos editores ou apenas visualizadores. E estes novos editores são gratuitos.

O que acontece é que, no próximo ciclo de cobrança, o administrador pode decidir se estes novos usuários serão editores ou serão apenas visualizadores (livres de cobrança). Isso faz com que os administradores sintam-se que estão no controle da conta, um ingrediente chave em todo o processo.

Ainda assim alguns administradores não se sentem confortáveis com esse modelo. Talvez porque simplesmente eles não tenham entendido. Então é necessário algum tipo de processo de educação nesse sentido.

O modelo parece fácil de entender, mas na prática os times internos do Figma gastaram muito mais tempo do que imaginavam explicando o modelo.

É necessário dar um tempo ao modelo, é preciso ser paciente com ele, porque é muito fácil "saltar" para diversas conclusões logo no começo. É preciso coletar feedback dos clientes de forma a entender completamente a situação. Também é necessário treinar melhor os times internos, como se posicionar e como falar a respeito do modelo.

Muitas melhorias em como é esta experiência dentro do produto, especialmente para os administradores. E isto trouxe uma série de benefícios, pois está muito melhor agora.

E em relação a precificação, o Figma tem 3 planos:

Plano gratuito	Totalmente gratuito, todas as features do produto pago mas têm limite para até 2 pessoas editores e até 3 projetos simultâneos;
Plano Profissional	Através de auto-atendimento, possível pagar com cartão de crédito;
Para Organizações	Para comprar é necessário falar com a equipe de vendas, pois precisam de humanos interagindo até que a equipe do Figma sinta-se à vontade com o modelo;

Tabela 6: Planos e preços do Figma.

E falando sobre comunidade e evangelismo, isto é realmente um ponto chave para o Figma, pois é algo que vem genuinamente dos usuários. É algo onde os "amantes do Figma" promovem o produto para eles.

Interessante é que o Figma não incentiva e nem faz qualquer tipo de pagamento de forma alguma para esses evangelizadores e nem pedem para que as pessoas façam essas coisas. As pessoas simplesmente fazem.

O Figma não vende para pessoas, mas vende para times. A questão é que os designers são na verdade uma comunidade bem ativa: compartilham conteúdos uns com os outros, inspiram-se e promovem novidades. Então é natural para eles escrever sobre design e ferramentas para design.

Uma das coisas que o Figma fez para ajudar essa comunidade de evangelistas é promover um grupo de usuários. É interessante ver como esse grupo coloca esforço para o Figma, onde profissionais de diversos tipos podem compartilhar conhecimento uns com os outros.

Amanda acredita que é importante promover grupos de usuários do seu produto logo no início.

Principais aprendizados com o Figma

1. Você precisa de alguém olhando de forma profissional para as redes sociais pois é realmente um grande negócio fazer isso.
2. Não é possível agradar a todo mundo então é importante ter uma visão clara sobre o que nós construímos no produto, para quem é e quais problemas isso deveria resolver, para nos manter com o pé no chão; Exemplo: tem várias pessoas que pediam para ter o Figma no modo offline, e eles realmente exitaram em fazer isso pois não era parte da estratégia deles — afinal, são baseados na web.
3. Usuários que falam são melhores do que usuários silenciosos. É importante ter alertas e avisos que vem do lado de fora da empresa.
4. É importante ter uma estratégia para os evangelistas da marca, especialmente para usuários internacionais. Teve o caso de uma pessoa que registrou o domínio Figma na China

e muitos usuários pensavam que era a página oficial da empresa, dando uma baita dor de cabeça pra eles.

Cultura de Crescimento Interna

Qualquer grande time de Growth vai quebrar as coisas e isto está tudo bem se eles fazem isso de forma pequena e controlada. Logo no início, quando Amanda entrou para o Figma eles já tinham um pequeno time de Growth. Esse time hoje tem um canal do Slack que compartilha todos os experimentos e todos os aprendizados que estão rodando com toda a empresa.

Por exemplo, como criar integrações com seus competidores e tirar disso uma vantagem competitiva. Outra coisa é nosso carrinho de compras, onde no nosso plano gratuito você tem basicamente todas as features de um plano pago e inclusive pode convidar amigos também. Tem quase tudo que você quer. Então o paywall para ir para o próximo plano é super fácil de usar, já vem pronto para você adicionar 3 novos usuários.

Coisas que funcionaram bem para o Figma e que podemos considerar quando estamos construindo um produto.

Produto colaborativo

Talvez você não tenha um produto que seja perfeitamente focado em colaboração como o Figma, mas provavelmente tem pessoas que trabalham com o seu comprador-alvo e como prover valor para eles. Para criar algum tipo de colaboração dentro do seu produto.

E ainda assim, um produto sendo colaborativo ou não, Onboarding é o ponto chave onde você deve investir muito tempo. Zendesk, onde Amanda trabalhou por bastante tempo, investe bastante em Onboarding e itera muito em cima dele.

Expansão Product-Led e controle para os administradores (juntos)

Frequentemente as pessoas ficam empolgadas em trabalhar com faturamento. Amanda abriu que ela mesma gosta muito de trabalhar com isso, você precisa de pessoas na sua empresa motivadas por investir esforço nisso pois se deixar para pensar sobre apenas no final, vai deixar dinheiro em cima da mesa. Pensar sobre o faturamento é uma grande parte do crescimento do Figma.

Evangelismo e comunidades

Segundo Amanda, ela é uma grande incentivadora para que as equipes de marketing tenham suas comunidades. As pessoas de marketing precisam pensar como as pessoas das nossas comunidades podem trabalhar para o produto.

Cultura de crescimento interna

Como criar uma mentalidade de "growth" interna e como fazer isso de diferentes maneiras.

Capítulo 24

Mensagem final

Fico muito feliz que você chegou até aqui. Agora, sinta-se à vontade para me adicionar nas redes sociais e continuar esta conversa. Você pode me mandar um E-mail para josiasoliveiraux@gmail.com ou adicionar meu perfil no Linkedin in/oliveirajosias/.

Procure não assumir tudo o que está neste livro como uma verdade. A minha verdade não é a sua verdade, é apenas um ângulo de visão que talvez seja um pouco diferente do seu. Utilize o conhecimento deste livro, em alguns casos, como ponto de partida para suas próprias descobertas. E assuma seus erros com a mesma coragem que você teve para cometê-los, pois você vai precisar.

Se você achou este livro útil, encorajo-o a compartilhá-lo com uma pessoa amiga e colega. Também significaria muito para mim se você revisasse este livro online. Sua avaliação ajuda bastante a incentivar outras pessoas a ler o meu livro, e eu consideraria um enorme favor pessoal.

Agradeço antecipadamente! Por favor acesse o livro impresso na Amazon e faça o seu review lá.

Em frente juntos,

Agradecimentos

Agradeço inúmeras pessoas que de alguma forma tiveram um papel preponderante na minha vida, serviram de inspiração, contribuíram na minha jornada, deram oportunidade para colocar conhecimentos em prática ou permitiram que eu pudesse prosseguir na jornada evolutiva.

Meus agradecimentos especiais para, Luciane Martins da Silva, Orisvaldo Oliveira Júnior, Igor e Sarah Martins da Silva Oliveira, Maria Anita Oliveira, Tiago Oliveira, Daniela Oliveira, Marcos Antônio da Silva, Gília Martins da Silva, Rodrigo Quaresma, Victor Hugo Bernardo, Glauco Cardoso de Oliveira, Raphael Farinazzo, Leonardo Salvador, Filipi Assis, Paulo Bischof, Eduardo Agni, Gabriel Guerra Costa, Douglas Petronilio, Ricardo Palma, Pedro Belleza, Diego Pereira, Bruno Guisi, Guilherme Lopes, Jorge Tung, Eric Santos, Rodrigo Ricco, Leandro Ueda, Vitor Ferreira, Mahara Scholz, Luiz Fernando Almeida da Silva, Rodrigo Vargas, Bruno Rodrigues, Alencar Decker, Francisco Decker, Demian Borba, Lucas Kramer de Souza, Wesley Rocha, Tiago Camargo, Diego Mendes, Fabiano Menegheti, Livia Amorim, Daniel Furtado, Rafael Burity, Wes Bush, Diana Fournier e todas as pessoas que de alguma forma contribuíram para que este livro hoje seja uma realidade.

Muito obrigado.

Bibliografia

AGNER, L. Ergodesign e arquitetura de informação: trabalhando com o usuário. Rio de Janeiro, Quartet, 2006.

BROWN, Tim. Design thinking. Alta Books, 2017.

CIALDINI, Robert B. Armas da Persuasão, 1984.

KOTLER, P. Administração de Marketing. São Paulo: Prentice Hall, 2000.

KRUG, Steve. Não me faça pensar. Alta Books, 2014.

NIELSEN, J.;

TAHIR, M. Homepage usability, 50 websites deconstructed. Indianapolis, News Riders, 2001.

NIELSEN, J.; LORANGER, H. Usabilidade na web, projetando websites com qualidade. Rio de Janeiro, Elsevier, 2007.

NORMAN, Donald A. O design do dia a dia, Anfiteatro, 2002.

PORTER, Joshua. Designing for the social web. Berkeley, CA, New Riders Publish, 2008.

UNGER, Russ e Chandler, Carolyn. O Guia para Projetar UX, 2009.

YIFRAH, Kinneret. Microcopy: The Complete Guide. Haifa, 2017.

Sobre o Autor

Josias Oliveira é formado em Design com Ênfase em Marketing pela ESPM, curso que recebeu Láurea Acadêmica pelos seus resultados. Pós-Graduação em Negócios Digitais pela Uniritter e Liderança e Inovação pelo MIT. Fez cursos e workshops no Vale do Silício com os melhores do mundo: Luke Wroblewski (Google), Diego Mendes (Facebook), Brian Balfour (Reforge), Fareed Mosavat (Slack), Nir Eyal (Hooked).

Iniciou a carreira em Porto Alegre trabalhando para agências de propaganda e publicidade. Fundou a própria empresa de consultoria em 2008 onde esteve à frente por 8 anos desenvolvendo produtos digitais para diversas empresas.

Mudou-se para Florianópolis em 2016 para trabalhar no time de produto da Resultados Digitais onde atuou durante quase 3 anos e liderou o design de um novo produto - o RD Station Light. Também liderou durante 1,5 anos a área de gestão de produtos e design na Octadesk em São Paulo e como Design Lead de produto na ThoughtWorks, atendendo empresas nacionais e do mercado global.

Atualmente atua como Head de Produto na Embraer.

Sobre o Autor

Made in the USA
Monee, IL
04 November 2026

67386064R10115